그를 통해 스캔들이 왔다

— 모방적 욕망과 르네 지라르 철학

CELUI PAR QUI LE SCANDALE ARRIVE

RENÉ GIRARD

Copyright ⓒ 2001 by Desclée de Brouwer
Korean Translation Copyright ⓒ 2007 by Moonji Publishing Co., Ltd.
All Rights Reserved.

This Korean edition was published by arrangement with Desclee de Brouwer through GUY HONG Agency.

이 책의 한국어판 저작권은 GUY HONG Agency를 통해 Desclée de Brouwer와 독점 계약한 ㈜문학과지성사에 있습니다.
저작권법에 의해 보호 받는 저작물이므로 무단 전재 및 복제를 금합니다.

우리 시대의 고전 19

그를 통해 스캔들이 왔다
— 모방적 욕망과 르네 지라르 철학

Celui par qui le scandale arrive

르네 지라르 (René Girard) 지음
김진식 옮김

문학과지성사
2007

르네 지라르 René Girard

1923년 프랑스 아비뇽 출생. 1947년 파리 고문서학교를 졸업하고, 1950년 미국 인디애나 대학에서 역사학 박사학위를 취득했다. 인디애나 대학, 브린모 대학, 존스홉킨스 대학, 뉴욕 주립대학의 교수를 역임하고, 1974년부터 현재까지 스탠퍼드 대학에서 현대 사상과 프랑스 어문학, 프랑스 문화를 가르치고 있으며, 2005년에는 프랑스 학술원인 아카데미 프랑세즈의 종신회원에 만장일치로 선출되었다.

문학평론가이자 사회인류학자인 지라르는 첫번째 저서 『낭만적 거짓과 소설적 진실』(1961)에서 소설 속의 인물들을 대상으로 인간 욕망의 구조를 밝혀내는 작업을 시작하여, 연구 범위와 폭을 꾸준히 넓혀왔다. 『폭력과 성스러움』(1972), 『희생양』(1982) 등의 저서부터는 인류학, 신화, 종교학 쪽으로 관심을 돌려 '희생양과 구원'의 개념을 분석하는 데 주력한다. 또한 『나는 사탄이 번개처럼 떨어지는 것을 본다』(1999)와 『그를 통해 스캔들이 왔다』(2001)에서는 신화와 성경 등의 폭력 양상을 비교하면서 '모방적 욕망'과 '희생양 메커니즘'의 관계를 분석한다. 그 밖에도 지라르는 『지하실의 비평』『세상 설립 이래 감추어져온 것들』『이중규제』『옛 사람들이 걸어간 사악한 길』『문화의 기원』 등 많은 저서를 발표하였으며, 『폭력과 성스러움』으로 1973년 프랑스 아카데미상을 수상하였다.

김진식

마산에서 태어나 서울대 불문과를 졸업하고 같은 학교 대학원에서 박사학위를 받았다. 저서로 『알베르 카뮈의 통일성의 향수와 그 미학』『르네 지라르에 의지한 경제논리비판』이 있으며, 역서로는 르네 지라르의 『폭력과 성스러움』(공역) 『희생양』『나는 사탄이 번개처럼 떨어지는 것을 본다』『문화의 기원』과 올리비에 토드의 『카뮈-부조리와 반항의 정신』(전 2권)이 있다. 현재 울산대학교 프랑스학과 교수로 재직 중이다.

우리 시대의 고전 **19**

그를 통해 스캔들이 왔다
──모방적 욕망과 르네 지라르 철학

제1판 제1쇄 _ 2007년 4월 20일
제1판 제3쇄 _ 2024년 3월 30일

지은이 _ 르네 지라르
옮긴이 _ 김진식
펴낸이 _ 이광호
펴낸곳 _ ㈜**문학과지성사**
등록번호 _ 제1993-000098호
주소 _ 04034 서울 마포구 잔다리로7길 18(서교동 377-20)
전화 _ 02)338-7224
팩스 _ 02)323-4180(편집) 02)338-7221(영업)
전자우편 _ moonji@moonji.com
홈페이지 _ www.moonji.com

ISBN 978-89-320-1777-8

그를 통해 **스캔들**이 왔다

차 례

머리말　7

제1부 • 상대주의의 극복

제1장　폭력과 상호성　15
제2장　선량한 원시인과 타인　44
제3장　모방이론과 신학　61

제2부 • 신화의 이면

제4장　마리아 스텔라 바르베리와의 대담　83

옮긴이 해설　189
찾아보기　208

일러두기

1. 이 책의 원서는 René Girard, *Celui par qui le scadale arrive*, Desclée de Brouwer, 2001이다. 이 책의 원서 제목을 직역하면 마리아 스텔라 바르베리 교수가 르네 지라르를 지칭한 표현인 Celui par qui le scadale arrive, 즉 '그를 통해 스캔들이 온 자'이다. 그러나 이 제목은 우리말로는 약간 비문(非文) 같기도 하고, 의미도 애매모호하다. 그래서 '예전에는 스캔들인 줄 몰랐는데 르네 지라르를 통해서 그것이 비로소 스캔들인 줄을 알게 되었다'는 바르베리 교수의 원뜻을 살려서 우리말 제목을 『그를 통해 스캔들이 왔다』로 의역하였다.
2. 옮긴이 주(註)에는 주 뒤에 (옮긴이)를 명기했다.
3. 이 책에 인용된 성경 구절은 『공동번역 성서』(대한성서공회, 1986)를 주로 참고하였으며, 문맥에 맞지 않을 경우에는 프랑스어 판 『예루살렘 성서 *Le Biblia de Jerusalem*』(Cerf, 1994)와 『관주 성경전서』(대한성서공회, 1986, 59판)의 해당 대목을 비교하여 원저자의 의도에 가깝게 옮겼다.
4. 『성경』 속 등장인물의 이름은 외래어 표기법 대신, 위에서 언급한 『성경』의 표기를 따랐다.

머리말

'그를 통해 스캔들이 왔다!' 아주 멋진 이 제목은 사실 마리아 스텔라 바르베리Maria Stella Barberi가 나에게 제안한 것이다. 데스클레 드 브라우어Desclée de Brouwer 출판사의 베누아 샹트르Benoît Chantre에게 이 제목을 넘기면서 그녀는 정작 당사자인 나의 개성은 전혀 생각지 않았다. 그녀에게 영감을 준 것이 바로 이 책에서 논의되는 주제들인데, 이 주제들은 모두 모방이론에서 가장 많은 논란이 되고 있는 문제들이다.

이 책의 2부를 이루고 있는 마리아 스텔라 바르베리와의 대담에서도 그러하지만, 1부에 들어 있는 세 편의 글은 오래전부터 나에게 제기되어온 이의들에 대한 답변을 담고 있다. 이 문제들은 과거의 책에서는 어쩌다 가볍게 지나치기만 했을 뿐 아직 한 번도 본격적으로 다루어지지 않았던 문제들이었다. 동시에 나는 항상 마음에 지니고 있던 주제들을 보다 더 현대적인 틀 속에서 구체적인 예증을 들어가면서 탐색해보고 싶었다.

첫번째 글에서는 모방이론에 기초해서 오늘날의 테러리즘을 간략하게 분석한 다음 차이가 없는 사람들 사이에서 자주 일어나고 있는 분쟁 문제를 파고 들어가 보았다. 이들은 어떤 욕망으로도 가까워지지도 그렇다고 멀어지지도 않는 사람들이다. 나는 특히 아무런 소용도 없는 이 갈등이, 공유할 수 없는 대상을 공유하려는 지나친 욕망에서 나올 때 더 모방적이라는 것을 밝히려 한다. 인간관계의 핵심은 그 관계가 어떤 것이든 간에 모두 모방으로 되어 있다.

두번째 글의 중요한 문제는 나의 인류학적 시각에서 자주 비판을 받고 있는 자민족 중심주의에 관한 것이다. '서구 중심주의'를 비난하는 사람들이 그렇게 열렬히 비난하고 있는 것을 보면, 자신들은 서양에 대해 어떤 것도 빚지고 있지 않다고 아주 쉽게 생각하고 있는 것 같다. 그러나 실은 그들의 시각은 그 어느 때보다 더 서구적이며, 그들 적대자들, 즉 서구인들의 시각보다 더 전형적으로 서구적인 시각이다.

다른 데서는 찾아볼 수가 없는, 자민족 중심주의에 대한 저항은 서양이 만들어낸 것이다. 그것의 최초의 문학적 성과는 벌써 4백 년도 더 된 몽테뉴의 유명한 「식인종」이다. 몽테뉴가 보여주는 반서양적인 수사학은 물론 항상 선의의 믿음에서 나온 것은 아니지만, 서양이라는 하나의 자민족 중심주의에 반대하는 기나긴 저항의 첫걸음임에는 분명하다. 18세기에 들어서 대단한 걸작들을 양산했던 이 저항 운동은 2차대전 뒤에는 그 어느 때보다 왕성하게 되살아났다.

요즘 드러나고 있는 이 운동의 특징은 위대한 선조들의 우아함과 유머는 내던지고 너무나도 20세기적인 신조어들만 마구 남발하고 있다는 것이다. '자민족 중심주의'라는 용어도 그중의 하나일 것이다. 18세기의 골동품이 지금은 니스 칠로 뒤덮여 있을 뿐이다. 몽테스키외가 "어떻게 페르시아인일 수 있을까?"라고 말하던 지점에서 오늘날 사람들은 '서구 중심주의'를 소리 높여 외친다. 하지만 논쟁의 핵심이 변한 것은 거의 없다.

게다가 이 논쟁은 합법적이기까지 하다. 서구 문화는 다른 모든 문화가 그런 것만큼 자민족 중심주의이다. 그리고 그들이 가진 힘 때문에 분명 더 난폭하게 효력을 발휘하는 자민족 중심주의이다. 이를 부정하지는 않겠다. 하지만 우리는 왜 서구의 자민족 중심주의와 함께, 거역할 수 없는 또 다른 역사적 사실들은 인정하지 않는 것일까? 언제나 직접적이고 또 콤플렉스도 없는 자민족 중심주의였던 다른 모든 문화와는 달리, 우리 서구인들은 언제나 자기 자신인 동시에 자신의 적이다. 우리는 최고 권력자인 동시에 그 권력자의 적이다. 우리는 실제의 우리 자신, 혹은 그렇게 여기고 있는 우리 자신을 비난하고 있는데, 대부분 그 비난의 열의가 충분한 것은 아니지만 적어도 그렇게 되려고 노력은 하고 있다. 오늘날 일어나고 있는 것은 자기비판이라는 열정의 또 하나의 예인데, 이런 열정은 유대 기독교 문화의 영향을 받은 사람에게서만 볼 수 있다.

  1부의 세번째 글은 이번에 처음으로 프랑스어로 발표하는 글로서 지금은 고인이 된 레이문트 슈바거Raymund Schwager를 기리는 의미가 있다. 이 글은 기독교에서 '희생'의 의미에 의존하는 것이 정당함을 인정한다는 점에서, 이 문제에 관한 나의 초기의 글들, 특히 『세상 설립 이래 감추어져온 것들』(그라쎄, 1978)의 주요 특징 중 하나였던 소위 '반(反)희생주의'의 주장을 바로잡는다는 수정의 의미도 들어 있다. 이 수정은 순전히 신학적인 차원의 것만은 아니다. 나의 모방적 인류학에서 바뀐 것은 하나도 없다. 이 수정으로 인해 나의 시각은 평소 원하고 있던 나의 바람대로 전통 신학에 더 합당하게 되었다. 레이문트 슈바거는 나의 이런 바람을 이해해주었지만 다른 신학자들은 신학에 관한 자격 시험을 나에게 부과해야 한다고 끈질기게 주장하고 있다. 이들은 다른 기독교인들, 특히 그들 자신들에게 이 시험을 부과

하는 것은 이미 오래전에 그만두었으면서도 유독 나에게만 이 시험을 부과해서 가혹하게 낙제시키려 하고 있다. 이런 점에서 그들은 나에게 엄청난 명예를 부과하고 있는 것이다.

* *

마리아 스텔라 바르베리와의 대담에서 제기된 문제는 너무 많아서 여기서 일일이 소개하기는 불가능하다. 하지만 그중 하나만 소개하면 다음과 같은 것이다. 이전에는 한 번도 다루어지지 않았던 이 문제는 이 책의 전체적인 인류학적인 기조를 공고히 해주고 있다. 이것은 20세기 후반을 지배한 시각, 즉 레비-스트로스의 시각과 모방이론의 관계에 관한 문제이다.

앞에서 언급한 첫번째 글에서 나는 구조주의 비판의 밑그림을 그릴 것이다. 그 창시자가 보여준 재능에도 불구하고, 동일성에는 관심이 없고 오로지 '차이' 타령만 하는 그런 인류학은 당연히 불완전하고 또 불구일 수밖에 없다. 이 인류학은 오로지 사회 질서를 위한다는 명분에서 무질서뿐만 아니라 위기마저 제거해버리고 있다. 그런데 위대한 정치학자 카를 슈미트Carl Schmitt는 인문학이 진정으로 과학적인 학문이 되기 위해서는 위기에도 중요한 자리를 내주어야 한다고 아주 탁월하게 분석한 적이 있다. 물론 슈미트의 정신에 따른 것은 아니지만, 모방이론이 하려는 것도 진정으로 과학적인 인문학을 만들려는 바로 그런 노력이다.

마리아 스텔라 바르베리와의 대담에서 나는 클로드 레비-스트로스와 그의 책이 나에게 준 영향에 대해서 다시 거론할 것이다. 내 생각과 인류학적 구조주의 사이에서 유사점보다는 차이점이 더 중요한 것이 사실이긴 하지만, 그야말로 인류학의 세기였던

20세기의 가장 뛰어난 업적 중 하나인 이 인류학 창시의 업적에 대한 나의 애정에는 아무런 변화가 없다. 그는 모르고 있겠지만, 자신의 뛰어난 저서들을 통해 나에게 인류학을 가르쳐준 스승은 바로 레비-스트로스였다.

또한 나는 모방이론에 대한 그의 부정적인 태도에 대해서도 이야기할 것이다. 레비-스트로스는, 프로이트의 『토템과 터부』와 같이 멍청한 작업을 다시 시작한다고 나를 비난하면서도 '모방이론'이나 그 이론의 주창자, 즉 나의 이름을 한 번도 거론한 적이 없었던 것 같다.

레비-스트로스는 '희생양'과 '초석적 폭력'과 같은 표현이 불러일으키는 표피적인 반응에 기초해서 내 책들을 비난하였다. 이런 표현이 내 책에서 중요한 역할을 하고 있는 것은 사실이지만, 레비-스트로스가 생각하는 그런 의미는 아니다. 그는 혹시 나에 대한 소문 말고는 나에 대해 아는 것이 전혀 없었던 것은 아닐까? 그의 귀에 전해진 '희생양'과 '초석적 폭력'과 같은 단 두세 개의 표현을 통해서만 나를 알고 있다고 여겼던 것은 아닐까? 연민 어린 미소도 뒤따랐을 그 두세 개의 표현을 통해서만 말이다.

귀만 열고 눈은 감은 채 행한 레비-스트로스의 이런 해석은 사실 '희생양'에 대한 정말 대중적인 해석과도 무관하다. 대중의 해석은 아주 단순하긴 하지만 그만큼 깊이도 있는 법이다. 레비-스트로스는 나를 후기 프로이트의 제자 정도로 보고 있다. 마리아 스텔라 바르베리와의 대담에서 나는 프랑스 인류학계에서 기계적으로 되풀이되고 있는 이런 '비판'이 실제로 나의 모방이론과는 아무런 관련이 없다는 것을 보여줄 것이다.

이 책에는 논쟁적인 성격도 들어 있다. 논쟁의 대상은 특히 우리 시대에 만연해 있는 강제에 가까운 상대주의이다. 이 상대주의는 구조주의 및 해체론과 불가분의 관계에 있다. 그렇다고 이 책이 온전히 논쟁에만 바쳐진 것은 아니다. 이 책은 40년 이상 계속되고 있는 내 작업의 중간 보고서이기도 하다는 점에서 특히 그러하다. 그래서 이 책은 내 작업의 중요한 한 단계를 이루고 있는데, 바라건대 내 작업이 아직 완결된 것이 아니었으면 좋겠다.

특히 마리아 스텔라 바르베리에게 뜨거운 감사의 마음을 전하고 싶다. 그녀는 매우 적절할 뿐만 아니라 박식하고 또 세련된 질문들을 통해 대화를 이끌어 갔다. 이 책은 제목만이 아니라 구성과 내용에 있어서도 그녀에게 많은 것을 빚지고 있다. 그녀는 또 이 책과 짝을 이루고 있는 두번째 책인 『모방의 나선. 르네 지라르에 관한 18개의 강의』의 저자이기도 하다.[1] 나는 또한 조셉 보샤르Joseph Bosshard와 매번 아주 소중했던 도움을 준 주제페 포르나리Guiseppe Fornari에게도 고마움을 전한다. 마지막으로 나는 다른 사람에게도 쉽게 전염되는 열정을 가진 베누아 샹트르, 그리고 데스클레 드 브라우어 출판사 식구들에게 고마운 마음을 표하고 싶다. 이들 모두의 헌신이 없었다면 이 책은 빛을 보지 못했을 것이다.

르네 지라르

---

1 Maria Stella Barberi, *La Spirale mimétique. Dix-huit leçons sur René Girard*, Desclée de Brouwer, 2001.

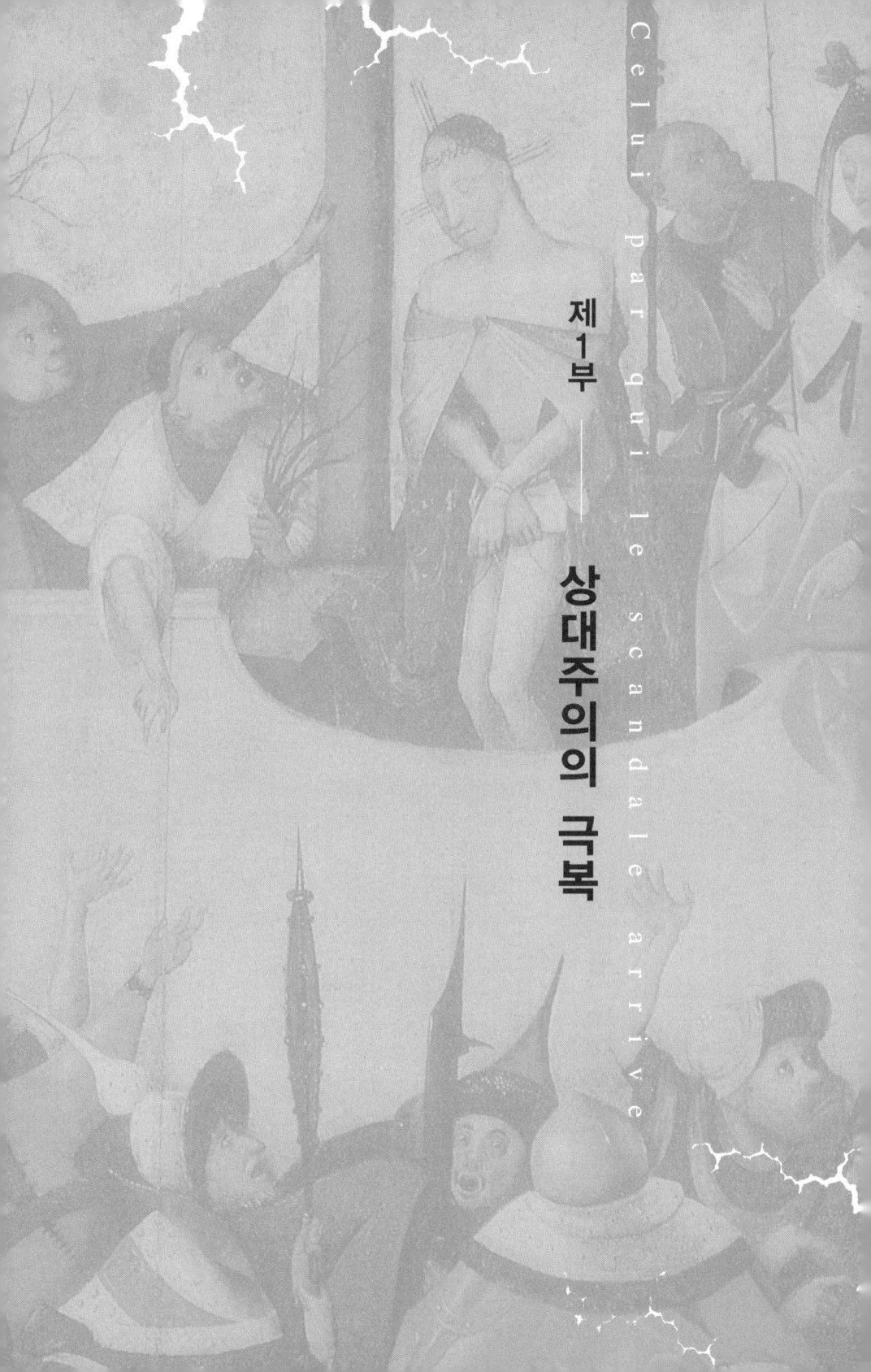

제1부

상대주의의 극복

Celui par qui le scandale arrive

제1장 폭력과 상호성

> 이 불일치의 일치를
> 누가 이야기해줄까?
> ─ 셰익스피어, 『한여름 밤의 꿈』

우리 주위에는 왜 이다지도 폭력이 많은 것일까? 폭력은 요즈음 들어 가장 자주 논란이 되고 있는 문제이지만 동시에 가장 실망스런 답변만 듣는 문제이기도 하다.

옛날에도 인류의 위험이 거론될 때마다 인간의 폭력이 언급되었다. 하지만 옛날사람들은 항상 운명, 신, 자연, 그리고 가끔은 얼마 전까지만 해도 실제 이상으로 무시무시하고 또 끔찍하다고 상상하던 맹수와 같은 위험을 거론한 뒤에 마지막에 가서 인간의 폭력을 언급하였다.

이런 사실을 떠올리면서 우리는 미소를 짓게 되는데, 우리의 이 미소에는 흥미보다는 향수가 더 많이 녹아 있다. 우리에게 가해지는 모든 위험 중에서 가장 무서운 위험은 알다시피 바로 우리 자신이다. 매일매일 우리들의 폭력이 증가하고 있는 것을 보더라도 이 사실은 갈수록 더 분명해지고 있는 것 같다.

냉전 종식과 함께 엄청난 재앙을 갖고 오는 전쟁의 위험이 줄어들면서 평화주의자들은 즐거워했겠지만, 그러나 파티는 아직 시작되지 않았는데, 이것은 사실 이미 예견되었던 것이기도 하다. 강한 믿음에서 나온 것은 아니지만, 테러리즘이 전쟁을 대신하게 될 것이라는 예측은 이미 오래전부터 있었다. 그렇지만 테러가 마치 강대국들의 핵전쟁만큼이나 끔찍하게 될 것이란 것에 대해서는 그 당시에는 미처 짐작도 하지 못하고 있었다. 그러다가 오늘날에 와서야 사람들은 이를 제대로 알게 되었다.

폭력은 지금 불길이 번져나가거나 전염병이 퍼져나가는 과정과 흡사한 확대 과정에 들어선 것 같다. 폭력이 마치 아주 오래되고 또 약간은 신비스러운 형태를 되찾은 양, 위대한 신화의 이미지들이 다시 나타나고 있다.

이것은 마치 강렬한 폭력들이 그 안에서 서로 만나서 한데 섞이는 커다란 회오리바람과 같다. 이제는 가정 폭력과 학교 폭력도 생겨났고, 미국에서는 학교 안에서 한 학생이 동급생을 대량학살하는 그런 폭력도 여러 차례 일어났다. 세계 전체에 걸쳐서 끔찍한 폭력들이 자행되고 있고, 테러는 끝도 경계도 없다. 특히 테러리즘은 민간인에 대해 진짜 살인 전쟁을 펼치고 있다. 이런 광경은 마치 지구의 모든 인류가 스스로 폭력과 만나기 위해 총진군하고 있는 형상을 연상시킨다.

세계화가 준비되고 있던 그 당시, 사람들은 다들 진심으로 세계화를 기원하였다. 세계의 단일화는 모더니즘의 중요한 주제였다. 이를 기리는 '만국박람회'가 여러 군데서 개최되었다. 하지만 세계화가 도래한 지금 세계화는 우리에게 자부심보다는 불안감을 더 많이 안겨주고 있다. 차이의 소멸은 당시 사람들이 분명한 것으로 여겼던 세계적인 화해가 아마 아니었던 모양이다.

* *

오늘날 폭력 문제에 접근하는 방법은 두 가지가 있다. 그 첫번째는 정치적·철학적인 방법인데, 이것은 인간을 선천적으로 선한 존재로 가정하고 이 가정에 위배되는 사례들은 모두 불완전한 사회, 지배 계급에 의한 민중 계급의 탄압 탓으로 돌려버리는 방법이다.

두번째 방법은 생물학적인 방법이다. 자연 상태 속에서 평화로운 동물계 중에서 유일하게 인류만이 진정으로 폭력을 행사할 수 있는 동물로 보는 것이다. 프로이트는 죽음의 본능에 대해 말한 바 있고, 오늘날에는 '공격성'의 기원에 대한 연구가 행해지고 있다.

그러나 이 두 방법은 만족할 만한 성과를 아직 얻지 못하고 있다. 몇 년 전부터 나는 제3의 방법을 제안하고 있는데, 이것은 아주 새로운 방법이면서 동시에 아주 오래된 방법이기도 하다. 아마 사람들은 이 말을 듣고 호기심을 나타내다가도 그 키워드가 '모방'이라는 내 말을 들으면 곧 의심스런 눈초리를 보낼지도 모른다.

생물학에 의해 결정되는 '식욕appétit'과 '욕구besoin'는 고정된, 그래서 항상 똑같은 대상물을 얻고 있는데, 이것들은 인간과 동물 모두에게 해당되는 것이다. 이에 비해 순전히 인간에게만 해당되는 것으로서 우리는 '욕망désir' 혹은 '열정passion'을 들 수 있을 것이다. 우리의 막연한 갈망이, 욕망하기에 적합한 것을 암시해주는, 그리고 대부분의 경우 그 자신도 그것을 욕망하고 있는 한 '모델'에게 고정되는 그 순간부터 강한 욕망, 열정이 생겨난다. 이 모델은 사회 전체일 수도 있지만 대부분은 우리가 존경하는 개인이다. 인간은 자신이 명성을 부여하는 모든 것을 모델로 변화시킨다. 이것은 어린이나 젊은 사람들만 그런 것이 아니고 어른들 또한 마찬가지다.

주변 사람들을 유심히 관찰해보면, 배우자 선택이나 직업 선택 그리고 삶에 대한 의미 부여와 같이 우리 생의 중요한 것들만

이 아니라 아주 사소한 몸짓까지 모방적 욕망 혹은 욕망하는 모방이 지배하고 있다는 것을 곧 알 수 있을 것이다.

우리가 욕망 혹은 열정이라 부르는 것은 우연히 혹은 가끔씩 모방적인 것이 아니고 그야말로 항상 모방적이다. 우리의 욕망은 타인의 욕망에서 나온다. 그런 점에서 욕망은 아주 사회적인 것이다.

모방은 포유류의 고등동물들, 그중에서도 특히 우리와 가장 비슷한 큰 원숭이에게서 중요한 역할을 하고 있다. 인간에게 있어 모방의 역할은 훨씬 더 막강해지는데, 모든 포유류 중에서 인간이 가장 머리도 좋고 가장 전투적이고 가장 폭력적인 주된 이유도 이 때문이다.

모방은 인간이 가진 것 중에서 가장 역동적인 것 속에 있는 인간의 지능이다. 이것은 그래서 동물성을 능가하고 있다. 하지만 우리는 모방 때문에 동물적인 균형을 잃게 되어 우리가 예전에 '우리의 하등 형제들'이라 불렀던 것들의 저 밑으로도 떨어질 수 있는 것이다. 우리가 우리와 시공간적으로 아주 가까이 있는 모델이 욕망하는 것을 욕망하게 되면, 그 모델이 탐하는 것을 수중에 넣기 위해 우리는 그 모델에게서 그 대상을 빼앗으려고 애쓰게 되고, 이리하여 그와 우리 사이의 경쟁 관계는 피할 수 없는 것이 된다.

모방적 경쟁 관계이다. 이것은 아주 강한 수준의 정도에도 이를 수 있다. 오늘날 인간 갈등이 이렇게 자주 그리고 아주 강하게 일어나고 있는 것도 다 이 모방적 경쟁 관계 때문이다. 그런데 이상한 것은, 그 누구도 이 경쟁 관계에 대해 아무런 말도 하지 않는다는 것이다. 이 경쟁 관계는 자신을 감추려고, 심지어는 그 당사자의 눈에도 띄지 않으려고 온갖 수단을 다 쓰는데, 대개는 성공하고 있다.

　인간 사회에 있어서 종족간의 전투는 폭력적인 죽음에 이를 수 있는데, 그런 전망도 싸우는 사람들을 멈추게 하지 못한다. 포유류 동물에게도 모방적 경쟁 관계가 있다. 하지만 이들의 경쟁 관계는 인간의 경쟁 관계보다 약하다. 그래서 포유류들은 치명적인 상황에 접어들기 전에 거의 항상 이 경쟁을 중단한다. 이 경쟁 관계는 '지배소의 그물망réseaux de dominance'으로 넘어가는데, 이 그물망은 대체로 인간관계보다 더 안정적이다. 특히 사람들이 서로의 모방에 빠져 있을 때는 더 그러하다.

　한 모방자가 그의 모델에게서 그들 공통의 욕망의 대상물을 빼앗으려 할 때 그 모델은 당연히 저항하게 된다. 이리하여 욕망은 '양측에서' 모두 강해진다. 이 모델은 이 모방자의 모방자가 되는데, 그 역도 마찬가지다. 이렇듯 적대자들을 점점 더 같은 것으로 만들면서 갈수록 더 완벽해져가는 이런 이중 모방 속에서는 모든 역할은 서로 바뀌고 서로를 반사한다. 이것을 라캉이 말하는 단순한 '거울 효과'로 보아서는 안 되고, 타인과의 관계를 변질시키다가 끝내는 우리 자신도 변질시키는 실제 작용으로 보아야 한다. 이때 우리는, 모방적 경쟁자들이 갈수록 서로 더 유사해진다는 점을 반론으로 내세우면서 우리가 피하고 있다고 여기고 있는 바로 그 방향으로 변질된다. 이 무차별화의 과정이야말로 바로 지금 우리를 위협하고 있는 '갈수록 많아지고 있는 폭력'과 같은 것이다.

* *

　그리스의 위대한 철학자들, 특히 플라톤과 아리스토텔레스는 인간의 행동에서 모방이 아주 중요하다는 것은 인정하였지만, 모방적 경쟁 관계는 알지 못했다. 플라톤의 경우는 좀 특이하다. 그는 모방의 존재론을 만들어냈는데, 그에 의하면 현실은 모두 모방적이다. 그런데 그는 인간의 모방을 위험스럽기까지 한 어떤 결함으로 보고 있다. 그는 모방을 무시하는 듯한 표정을 짓고 있지만, 실은 모방을 두려워한다는 것이 드러나 있다. 이 두려움의 실체에 대해 그는 명확히 밝히고 있지는 않지만, 그것은 경쟁 관계에서 나온 것이다. 그런데 그는 이 경쟁 관계 또한 제대로 파악하고 있지 못한 것 같다.

아리스토텔레스는 모방이 폭력의 원인이라는 것을 예감조차 못하고 있다. 모방을 아무런 문제도 없는 것으로 여긴 그는 인간을 가장 모방적인 동물로 보고 있다. 그는 또 우리는 모방만 좋아한다고까지 말한다. 이 말은 옳지만 그가 보지 못한 것도 있다. 그 역시 모방이 폭력의 원인이라는 것을 보지 못한 것이다. 그는 우정이 종종 경쟁으로 치닫는다는 것은 잘 알았지만, 이 경쟁을 고결한 행동만을 대상으로 하는 귀족들의 경쟁으로 한정시키고 있다. 아리스토텔레스는 결코 자신과는 다른 사람, 즉 귀족도 아니고 재능도 뛰어나지 않은 사람들의 문제는 제기하지 않는다. 그는 경쟁을 두려워하지 않는다. 아리스토텔레스는 중요한 문제를 보았지만 아주 우아하게 그 문제를 피해 간다.

모방에 관한 플라톤의 존재론도, 아리스토텔레스부터 시작하여 모방을 외적인 행동, 언행의 태도에만 국한시키는 철학적·정신분석학적인 생각도 우리는 거부해야 할 것 같다. 둘 다 본질적인 문제를 피하고 있기 때문이다.

근대의 낭만주의 철학은 모방을 멸시하는데, 갈수록 이 멸시는 더 강해지고 있다. 그런데 이상한 것은, 이 멸시가, 모방자는 자신의 모델에게 저항할 수 없다는, 아니 '없을 것이라고 여기고 있는' 그 무능력에 근거하고 있다는 것이다. 이 사상가들은 모방을 진정한 개성의 포기로 보고 있다. 개인이 '타인들'에게 굴복하면서 여론에 자신을 맡긴다는 것이다.

수동적이고 굴종적인 모방도 있지만 순응주의에 대한 증오와 극단적인 개인주의 또한 모두 모방적이다. 이것들이 오늘날 더 끔찍하고 더 부정적인 순응주의를 이루고 있다. 내가 보기에 오늘날의 개인주의는 갈수록 더 모방적 욕망을 거부하고 있는 것 같지만 이 거부는 그렇게 거부해도 거부되지 않는 줄 알면서 거부하고 있는 절망적인 거부이다. 사실 우리는 모두 모방적 욕망을 억누르려고 애를 쓰며 또 그래서 무의식적으로 모방적 욕망을 멸시하고 있다.

'타인'을 모방할 때 우리는 자신의 '개성'을 포기한다고들 말한다. 모방자의 특징은 폭력이 아니라 군중 행동과 같은 수동성에 있다. 내가 '낭만적 거짓'이라고 불렀던 것이 바로 이것인데, 이에 대한 20세기의 가장 유명한 본보기는 마르틴 하이데거일 것이다. 그의 『존재와 시간』에 나오는 '가짜 자아'는 집단적이기에 책임을 느끼지 않는 '사람들'과 같다. 수동적이고 순응적인 모방은 자신의 의사를 주장하고 싸우기를 포기하는데, 이 모든 것은 헤라클레이토스의 '폴레모스polemos' 정신, 즉 '만물의 아버지이자 왕'인 폭력의 정신을 갖고서 자신의 적들과 싸우기를 두려워하지 않았던 이 철학자의 '진짜 자아'와 대립된다. 투쟁과 저항을 싫어하지 않는다는 것이 진정성과, 이 말의 니체적 의미에서의 권력에의 의지의 증거일 수 있을 것이다.

열정과 욕망은 하이데거적 의미에서 결코 진정한 것이 아니다. 열정과 욕망은 우리가 자신의 저 밑바닥에서 끌어올리는 것이 아니고 항상 타인들로부터 빌려 오는 것이다. 우리는 타인과의 갈등을 하이데거가 그랬던 것처럼 우리 자신의 주체성의 증거로 보아서는 안 되고, 오히려 반대로 우리 욕망의 모방성에 대한 증거로 보아야 한다.

우리 모두 스스로가 그러하다고 믿고 있는 '개인주의자'란 자신의 모델과 크게 대립하는 순간 자신은 어느 누구도 모방하지 않는다고 느끼고 있는 사람이다. 헤라클레이토스의 폭력은 모방과 양립할 수 없는 것이 아니라, 모방적 경쟁 관계가 이상화된 것이다. 근본주의 비평가라면 여기서 '낭만적 거짓'을 찾을 수 있을 것이다.

* *

오늘날의 역사를 이해하기 위해서는 우선 우리 주변을 살피는 것만큼 우리 내부도 살펴보아야 한다. 오늘날 세계는 모든 영역에서의 경쟁이라는 격렬한 야망에 빠져 있다. 우리들도 모두 이 정신에 물들어 있는데, 이 정신에는 나쁜 것은 하나도 없다. 오래전에는 지배 계급 내부의 인간관계를 지배하고 있었던 것이 경쟁 정신이다. 후에 사회 전체로 널리 퍼졌던 이 정신은 요즘에 와서는 노골적으로 온 세상을 지배하고 있다. 서구 사회 특히 미국에서는 이 경쟁 정신이 경제계와 금융계뿐만이 아니라 학문 연구와 지식 사회에도 활력을 불어넣고 있다. 이것이 유발하는 긴장과 불안에도 불구하고, 전체적으로 볼 때 서구인들은 이것을 채택한 것을 자축하고 있는 분위기다. 많은 국민에게 돌아온 엄청난 부를 비롯하여 이것이 몰고 온 긍정적인 효과가 대단하기 때문이다. 경쟁 정신을 포기하는 것을 생각하는 사람은 아마 한 사람도 없을 것이다. 이 정신을 통해서 사람들은 과거보다 더 찬란하고 더 번영된 미래를 꿈꿀 수 있기 때문이다. 우리 세상은, 특히 이런 성공을 맛보지 못한 지구상의 다른 지역과 우리 세상을 비교해볼 때, 그 어느 때보다 가장 바람직한 세상인 것처럼 보인다.

그러나 오늘날의 상황에는 이 모든 것에도 불구하고 이런 것을 가장 많이 이용하는 사람들에게도 부정적이고 또 무서운 측면도 있다. 그런데 제3세계의 비참한 군중들에게 이 '서구 모델'은 매력적으로 보이는데, 이 매력은 감추어져 있지만 분명한 것이다. 대부분의 국가들은 너무 낙후되어서 국제 경쟁에 제대로 참여하지 못하였다.

실은 전통 상실 때문에 생겨난 현상들을 오히려 조상 전례의 전통으로 설명하려는 시도들이 이 양 진영에서 일어나고 있다. 물론 전통 상실에는 지금까지 아무런 반대급부도 없었다. 서구와 서구의 모든 것에 대한 비서구인들의 증오가 배태되는 것은 서구의 정신이 그들에게 정말 낯설어서도 아니고 서구의 '진보'를 정말 반대해서도 아니다. 그것은 경쟁 정신이 서구인들이 그런 것만큼이나 그들에게도 익숙한 것이기 때문이다. 그들은 진정으로 서구를 피하기는커녕 서구를 모방하고 서구의 가치를 채택하지 않고는 배기지 못하면서도, 물론 그런 사실을 시인하지는 않는다. 그들은 개인적 성공이나 혹은 집단적 성공이라는 이데올로기에 마치 서구가 그랬던 것만큼 게걸스럽게 달려들고 있다.

지구 전체에 걸쳐 강요되고 있는 경쟁이라는 이 관념은 우리를 정복자로 만들 때 다른 곳에서는 당연히 더 많은 피정복자와 희생양들을 만들어내고 있다. 그러므로 이 이데올로기가 제3세계에서는 우리 정복 국가들에서 일어난 것과는 너무나 다른 반응을 낳는 것에 놀랄 필요는 없다. 이 이데올로기는 무엇보다 먼저 개인적이자 국가적인 패배의 주원인인 거대한 경쟁 장치를 일거에 파괴하고 싶은 불타는 욕망을 만들어내고 있는데, 이때 이 거대한 경쟁 장치는 바로 미국이며 또 그 뒤에 있는 서구 전체이다.

 사람들은 폭력적인 전염에 노출되어 있는데, 이 폭력의 전염은 대부분 복수의 순환이나 폭력의 연속으로 귀결된다. 그런데 이 복수나 폭력은 서로를 모방하기에 모두 아주 닮아 있다. 그래서 나는, 갈등과 폭력의 진짜 비밀은 바로 욕망하는 모방, 모방적 욕망 그리고 여기서 나오는 맹렬한 경쟁 관계라고 단언한다. 모방적 경쟁 관계가 수많은 갈등을 낳는다는 것을 인정하지만, 그럼에도 불구하고 우리는 욕망이 없는 다른 갈등 관계도 있다는 것과 혹시 우리가 욕망을 인간 갈등의 주된 원인으로 봄으로써 그 역할을 너무 과장한 것은 아닌가 하는 생각을 할 수 있을 것이다. 내가 '환원주의'라는 손쉬운 즐거움에 빠져들고 있다고 생각하는 사람도 있다.

 욕망의 역할이 없어서 모방이나 경쟁 관계와는 무관한 듯한 크고 작은 갈등도 있다. 하지만 아무런 열기도 없는 인간관계에도 폭력이 스며들 수 있다. 동일한 욕망을 갖고 있지 않기에 욕망에 의해 나뉘거나 수렴하지 않는 개인들 사이에서도 뜻하지 않게 쉽게 격화되는 갈등을 내가 제안하는 이 모방이라는 개념이 과연 설명할 수 있을까?

* *

 이 반론에 답하기 위해서, 가능한 한 아주 무의미해 보이는 예를 살펴보기로 하자. '당신이 나에게 손을 내밀자 나도 당신에게 손을 내민다'는 행동이 그것이다. 여기서 우리는 함께 악수라고 부르는 대수롭지 않은 제의를 행하고 있는 중이다. 당신이 내민 손 앞에서 예절은 나도 손을 내밀 것을 강요한다. 만약 내가 어떤 이유로 이 제의에 참가하기를 거부한다면 다시 말해 당신을 모방하기를 거부한다면, 당신은 어떤 반응을 보일까? 아마 당신은 곧 내밀었던 손을 거두어들일 것이다. 적어도 나의 무뚝뚝한 태도와 똑같거나 분명 그 이상으로 심하게 냉랭한 태도를 보여줄 것이다.

이보다 더 정상적이고 더 자연스러운 태도도 없다고 사람들은 생각할 것이다. 그러나 조금만 더 깊이 생각해보면 여기서 하나의 역설을 발견할 수 있을 것이다. 내가 악수라는 제의에서 몸을 뺐을 때, 즉 당신을 모방하기를 거절하였을 때 일어나는 일은 다음과 같다. 당신은 나의 거절을 되풀이함으로써, 다시 말해 거절을 모방함으로써 나를 모방한다.

이상한 것은, 일치를 실현하는 모방이 다시 나타나자 오히려 불일치가 견고해지고 더 강화되고 있다는 것이다. 한 번 더 다른 말로 표현하자면, 모방이 지배하고 있다. 그리고 거기에서 우리는 이중 모방이 얼마나 엄격하게 또 단호하게 모든 인간관계를 이루고 있는지를 알게 된다.

내가 상상해본 앞의 예에서 모방자는 모델이 되고 모델은 모방자가 되면서, 모방을 부정하려는 반응에 대한 모방이 다시 일어난다. 요컨대, 두 사람 중 한 사람이 모방의 불길에 휩싸이면 다른 사람도 모방을 하게 되는데, 이것은 끊어지려고 하는 둘 사이의 끈을 되살리기 위한 것이 아니고, 둘 사이의 파멸을 모방적으로 배가시킴으로써 파멸을 완성하려는 것이다.

가령 '을'이 그에게 손을 내미는 '갑'에게서 등을 돌렸다면, 갑은 곧 기분이 언짢아져서 그 또한 을의 손을 잡는 것을 거절할 것이다. 을의 첫번째 거절에 비추어 볼 때 뒤늦게 나온 갑의 두번째 거절은 드러나지 않고 지나칠 위험이 있다. 그래서 갑은 아주 약하지만 과장된 표정을 지음으로써 자신의 거절이 분명히 드러나도록 애쓸 것이다. 그는 아마 을에게서 멋지게 등을 돌릴 것이다. 하지만 갑에게는 폭력의 상승을 촉발시킬 의도는 없다. 단지 갑은 '충격을 표시'하여 을에게 그의 행동의 모욕적인 성격을 모르고 있지 않다는 것을 알리고자 할 뿐이다.

갑이 불친절한 거절로 파악한 것이 사실은, 그 당시 다른 것에 눈이 팔려 있던 을의 입장에서는 단지 가벼운 부주의일 수 있다. 그런데 을이 단번에 알아채지 못하고 넘어갔다고 생각하는 것보다는 의도적인 모욕이라고 생각하는 것이, 갑의 허영심의 입장에서 보자면 마음이 덜 괴로울 것이다. 애초의 오해는 아주 사소한 것이다. 하지만 을이 갑에게 해명하려고 애를 쓰면 쓸수록 오해가 풀리는 것이 아니라 오히려 둘의 관계를 둘러싸고 있는 어둠만 더 짙어져 간다.

갑자기 냉랭하게 돌변한 갑의 태도는 을이 보기에 부당한 것처럼 보일 것이다. 그래서 자신도 똑같은 수준에 오르기 위해 을이 메시지를 다시 보낼 때 그는 갑보다 냉기와 모욕감을 조금 더 보태서 되돌려주게 된다. 갑도 을도 불화를 바라지 않는데 이미 그들에게 불화가 와 있다. 과연 누구의 책임일까?

우리가 주고받는 메시지는 그 내용 면에서 보면, 대부분 아무런 이해관계도 없는 평범한 것이다. 하지만 우리들 관계의 열기와 냉기의 관계에서 보면 이 메시지는 주고받는 말보다 훨씬 더 중요한 아주 예민한 온도계와 같은 것이 된다. 언어 그리고 오늘날 유행처럼 쓰고 있는 '담론'이란 것은 그 유행이 주장하는 것처럼 그렇게 본질적인 것이 아니다.

순전히 예의에서 나오고 있는 대부분의 메시지들은 상대방에게서 받은 것을 하나도 바꾸지 않고 그대로 되돌려주려는 의도의 산물이다. 사람들이 '호혜bonne réciprocité'라 부르는 것이 그것이다. 우리는 남에게서 받은 메시지를 하나도 바꾸지 않거나 아주 조금만 수정해서 되돌려준다고 믿고 있다. 그런데 조금만 수정할 때의 우리의 의도는 오로지 상대가 무례해 보였던 것에 대한 우리의 의사를 좀더 분명히 하기 위해서거나, 그 무례한 부분을 상대방에게 거울처럼 그대로 되비쳐주기 위해서거나 혹은 그 무례함처럼 보였던 것을 되돌려주기 위한 것일 뿐이다. 그러면서 우리는 생각한다. 둘 사이의 불편한 관계에 불씨를 지핀 사람은 절대 우리가 아니고 항상 상대방이라고 말이다.

인간관계는 '상호성'이라는 말만큼 투명하진 않지만 이 말로 완벽하게 정의내릴 수 있는 영원한 이중 모방이다. 인간관계는 아주 호의적이며 평화적일 수도 있고 적의에 찬 호전적인 모습일 수도 있지만, 이상한 것은 이것들은 모두 언제나 상호적이라는 것이다. 모방에서 아주 중요한 것은 그 역할이 어디서나 언제나 모방되고 있다는 것이다.

내가 보기에 동물에게는 관계의 모방이 거의 없는 것 같다. 상호성이 잘 나타나는 것은 특히 폭력적 경쟁 관계 속에 있을 때인데, 동물은 그럴 때에도 모방이 나타나지 않을 수도 있다. 동물들은 싸울 때에 결코 서로를 바라보지 않는 것 같다. 그래서 동물에게는 인간관계에 있는 것과 같은 의미의 타자는 결코 존재하지 않는다.

인간의 갈등은 상호성이 사라지는 데 원인이 있는 것이 아니라, '좋은' 상호성이 점차 '나쁜' 상호성으로 변하는 데 있는 것이다. 이 변화는 처음에는 눈에 띄지 않을 정도로 느리다가 점점 더 빨리 진행된다. 좋은 관계가 나쁜 관계로 변하는 것이 좀처럼 눈에 띄지 않지만, 약간의 부주의나 망각도 인간관계를 엉망으로 만들 수 있다. 그 역방향으로의 변화, 즉 나쁜 상호성이 좋은 상호성으로 변하는 것은 그 반대로 많은 주의와 희생을 요구한다. 그렇다고 항상 가능한 것도 아니다.

보편적인 이 이중 모방은 대개 제삼자들한테는 잘 보이지 않는다. 우리들 중에서 일상생활에서 이중 모방을 자각할 수 있게 되는 유일한 사람들은 정신과 의사 앙리 그리부아가 '정신장애 인자psychose naissante'라 부르는 것에 감염된, '심리적으로' 장애가 있는 사람들이다.[2] 이들은 주로 청년기의 사람들로서 자신이 남으로부터 모방당하고 있거나 아니면 남을 모방하고 있다고 끊임없이 느끼고 있다. 우리들 대부분은 이것을 느끼지 못하고 있는데, 계속 정상인으로 남아 있으려면 이를 보지 않아야 한다는 것은 정말 주목할 만한 사실이다. 이제 우리는 평범함과 독특함, 정상과 비정상에 관한 우리의 생각을 조금 수정해야 할 것 같다. 정상적인 사람들간의 모방에는 무의식적이라서 잘 드러나지 않는 측면이 있는데, 앞에 예를 든 환자들이나 특히 낯선 곳에 처음 온 사람들이 스스로를 모든 사람의 관심의 대상이라고 여기게 되고, 또 자신을 세상의 중심으로 여기게 되는 것도 이런 성격 때문이다. 앙리 그리부아가 '중추centralité'라 부르고 있는 것이 바로 그것이다. 정신의학적으로 계속 정상이길 바란다면 모든 사람들처럼 널리 퍼져 있는 모방을 두 눈 꼭 감고 보지 않는 것이 더 좋다.

---

2 Henri Grivois(Ed), *Psychose naissante, psychose unique*, Paris, Masson, 1991.

* *

 이중 모방은 그러므로 어디에나 있다. 가장 무의식적인 형태의 이중 모방에서도 모방적 욕망에서 나온 경쟁 관계와 똑같은 유형의 갈등이 생겨날 수 있다. 조화가 불화로 변하는 데에는 그다지 대단한 것이 필요한 것이 아니다. 아주 사소한 대칭적인 단절이나 극히 완만한 관계 악화도 몇 번 연속으로 일어나고 나면, 조화도 쉽게 불화로 변하고 만다. 그런데 대칭적인 단절이나 완만한 관계 악화 같은 것들은 하나가 사라지면 반드시 또 다른 것이 생겨나는 성질을 갖고 있다. 그 주된 이유는 타인에 대해 설정한 적의에 보답하려는, 그래서 적의를 더 격화시키는 경향 때문이다. 조금 전만 해도 예의를 주고받던 개인들이 이제는 신의 없는 마음을 암시하는 말을 주고받는다. 그리고 좀 있다가 그들은 욕설과 위협과 주먹질 혹은 총질, 즉 내가 말하던 모든 것을 주고받게 되는데, 그러나 절대로 그 상호성은 깨어지지 않는다.
 그러다가 마침내 서로를 죽이기도 하는데, 이런 살인의 목적은 다름아니라 떼어낼 수도 없는 난처한 것과 같은 그 나쁜 상호성에서 벗어나려는 것인데, 그렇게 되면 이것은 끝없는 복수 사이클의 모습으로 나타난다. 복수는 온 세상을 다 돌아서 몇 세대를 두고 계속해서 이어진다. 복수는 시간과 공간을 초월한다. 고대인들이 복수를 성스러운 것으로 간주한 것을 두고 놀랄 필요는 없다.
 특히 종교 밖에서는 폭력을 생각하지 않는 문화들이 폭력에 대해 두려움을 느끼고 있는데, 이를 알아채는 것은 중요하다. 폭력이 존재한다는 것의 진짜 징조로는 비슷한 것, 동일한 것, 차이가 없는 것들이 있다. 쌍둥이를 두려워해 쌍둥이가 태어나자마자 제거했던 예전의 사회들은 쌍둥이들이 닮은 것을 극심한 갈등의 위협이라고 믿고 있었다.

인간 문화의 기본은 본질적으로, 자연발생적인 상호성에 그대로 내맡겨두면 돌이킬 수 없는 폭력에 빠져버릴지도 모르는 개인과 공공 영역의 모든 양상을 구분하고 또 '차별화'함으로써 폭력이 발발하는 것을 막는 데에 있다.

결혼 규칙들은 모두 그들이 소유하고 있는 핵심 가족, 특히 누구보다도 그들 사이의 파괴적인 경쟁 상태가 촉발될 위험이 있는, 처음부터 같이 살던 그들의 딸과 누이들을 포기한다는 단 하나의 규칙으로 모아질 수 있다.

그들은 딸과 누이들을 이웃에게 넘겨서 그들과 결혼하게 한다. 그러고는 이웃에게서 딸과 누이들을 일종의 반대급부로 받아서 이들과 결혼한다. 금기란 항상, 가장 손쉽게 접근할 수 있기에 그 소유자들에게는 가장 위험스런 갈등을 유발할 수 있는, 가장 가까이 있는 사람들의 소유를 대상으로 과해진다.

문화는 가까운 관계들간의 폭력을 두려워하기에 모든 것을 교환하지 않을 수가 없다. 어떤 상황에도 항상 잠복해 있는 상호성이 쉽게 되살아나지 못하게 하려고, 정말 결정적인 문제는 공연히 복잡한 규칙들 속에서 배분되고, 조각나고, 분산되어, 말하자면 길을 잃고 헤매게 하는 것 같다.

몇몇 언어에서는 기증이나 선물을 의미하는 단어가 동시에 '성가심'을 뜻하고 있다. 정말 오래된 고대 사회에서는 모든 선물에는 성가심도 녹아 있었을 것이라고, 나는 생각한다. 첫 소유자는 자신을 성가시게 하는 물건들만 타인들에게 주었다. 그리하여 그는 난처한 그 물건을 해결하고서 다른 곳에서 왔다는 그 사실만으로도 성가심이 분명 덜 들어 있을 유익한 물건을 다시 얻게 되는 것이다.

요컨대 그들은 타인의 삶을 성가시게 하기 위해서가 아니라, 자신에게 끝없는 불화를 안겨주는 모든 것을 벗어던짐으로써 스스로의 삶을 견딜 만한 것으로 만들기 위해서, 이웃에게 성가심이 녹아 있는 선물을 주었던 것이다.

성가심이 녹아 있던 선물을 상호 교환함으로써 결국 모든 문제가 타결된다. 선물로 쓰인 이 물건은 처음에는 성가심이 들어 있었지만 일단 낯선 집단 속에 이식되고 나면, 즉 종착역에 도달하고 나면, 쓸 만한 것이 되어버리는 것이다. 자기 가족의 여자와 같이 사는 것보다는 다른 집단의 여자와 같이 사는 것이 훨씬 더 쉽다. 나는 이것이 바로 교환의 기원이라고 생각한다. 모스Mauss를 비롯한 수많은 사람들이, 평화로운 교환에 왜 첨예한 갈등에서 비롯되는 처절한 살육이 나타나는 등, 항상 폭력적인 면이 동반되는 것일까, 하는 질문을 제기했지만 해답을 찾지는 못했다. 이 질문에 답하기 위해서는 인간 사회에 보편적으로 퍼져 있는 이 교환이, 항상 당장 접근할 수 있는 가장 가까이에서 자기만족을 꾀하는 동물적 본능과는 상반되는 것이란 점을 먼저 상기해야 할 것이다. 제대로 작동하기 위해서 보편적인 이 교환 제도는 우선 끔찍한 투쟁을 유발했을 것이다. 그리고 제의의 엄청난 보수성 때문에 이 폭력의 흔적은, 변한 게 거의 없이 지금까지 전해오는 고대의 교환 제도 속에 그대로 남아 있다.

* *

인위적인 차이들이, 좋은 상호성의 불안한 가속화 뒤에 꼭 따라오는 나쁜 상호성으로부터 고대 사회를 정말로 보호해주었다고, 나는 생각한다. 요즘 농촌에도 아주 평범한 것인데도 불구하고 그 교환의 속도를 둔화시키는 관습이 남아 있다. 그것은 분명 역사가 아주 오래된 관습일 것이다. 20세기 초 오베르뉴 지방의 산동네에서는 흔히 하는 타협을 할 때도 너무 빨리 하는 것은 피했다. 가령 우시장에서 소를 사고자 하는 사람이 지갑에서 너무 빨리 돈을 꺼내려 하면 소를 팔던 사람은 우선 술부터 한잔하자고 근처 카페로 그를 끌고 갔는데, 이것은 소위 '대금 결제'를 뒤로 미루기 위해서였다. 물론 너무 오래 미루어서는 안 되지만 말이다. 대금 결제라는 이 표현이 갖고 있는 이중의 의미는 일찍 달아오른 너무 돌발적인 상호성이 불러올 공포를 잘 보여주고 있다.

나는 '차이'라는 표현을 자크 데리다가 정의한 이중의 의미로 이해하고 있다. 하나는 공간적으로 '같지 않은' 것 혹은 같은 것의 '차별화'를 의미하고, 다른 하나는 시간적으로 동시에 공존하지 않는다는 것 혹은 동시성의 '지연(遲延)'이라는 의미가 그것이다.

차이와 연기는 교환의 상호성이 눈에 띄지 않도록 하기 위해서, 끈질긴 상호성을 없애거나 그게 안 되면 적어도 감추어주는 것이자, 교환의 매 순간 사이의 시공간적인 간극을 최대한 벌려서 그 상호성을 지연시킬 수 있게 해주는 모든 것이다. 한마디로 말해서, 우리는 비슷한 것과 동일한 것들을 잊으려고 애를 쓰고 있으며, 아주 복잡한 차이의 미로와 다시 찾을 수 없을 정도로 멀리 미루는 지연의 미로 속에서 동일한 것들을 잃어버리려고 노력하고 있다.

차이를 통해 문화의 모든 규칙을 본 것은 클로드 레비-스트로스가 처음이다. 여기에는 문화를 이해하는 데 있어 소중한 내용이 있는 것은 사실이지만 그것으로 충분한 것은 아니다. 우리는 차이를 그것의 실제 맥락, 즉 모든 것을 동일한 것으로 변화시키는 엄청난 무차별화의 힘과 같은 모방적 관계의 맥락 속에 놓고 보아야 한다.

레비-스트로스의 원칙은 항상 세상을 압도하면서 우리를 위협하고 있는 동일성에 대한 문화의 저항에 근거할 때에만 의미가 있는데, 그러나 이 저항이 제대로 승리해본 적은 한 번도 없다.

차이라는 개념은 그것 자체를 만족시키지 못하고 있다. 이 사실을 감추려고 사람들은 온갖 왜곡을 행하지만, 오로지 차이에만 근거해서는 일관성 있는 인류학을 세울 수 없다는 그 불가능성을 감추는 데에 매번 성공하는 것은 아니다. 오늘날 차이가 누리고 있는 절대주의는, 그게 어떤 부조리이든 간에 하나의 부조리한 현상임에 틀림없다. 이 부조리는 근대 인류학이 항상 그들의 노고로 인해 성장했다고 여기는 너무나 편협하고 잘못된 생각이 오래전부터 준비해온 부조리이다. 인류학은 차이가 나타나는 그 토양, 즉 인간관계의 토양과 함께 결국에 가서는 모든 것을 다 질식시켜버리는 이 관계의 모방적 폭력의 토양에는 관심조차 두지 않은 채, 항상 독단적으로 문화 규칙에 대한 연구에만 몰두하고 있었다.

민족학자들은 거의 대부분이 상대주의자들이다. 그들은 인류 문화의 다양성을 그 어떤 것보다 굳게 믿고 있다. 그 다양성은 그야말로 무한한 다양성이라서 항상 차이점만 있을 정도이다. 그래서 그들은 차이만 있을 뿐이라고 당당하게 주장하고 있다. 그런데 이런 주장을 하는 이들 민족학자들을 보면 바로 자신들이 처음부터 인간관계는 무시하고 마치 이것은 자신들의 문제가 아닌 양 다른 사람들에게 내맡겼다는 사실을 잊고 있는 것 같다. 그

뿐 아니다. 그들은 처음에 자신들이 행한 결정은 모두 잊고서 자신들이 행한 인류학 영역에 대한 훼손을 두고 최종적 발견이라고 여기고 있다.

모든 것을 지배하는 것은 차이가 아니라, 모방적 상호성에 의한 차이의 소멸이다. 그런데 끝없는 차이라는 환상적 상대주의를 부인하고 있는 이 모방적 상호성이야말로 진정으로 보편적인 것이다. 이 상호성은 모든 문화가 시작할 때 있었고 그 뒤에도 항상 존재하다가, 종국에는 바로 그 문화를 종결짓기 위해 폭력적인 나쁜 형태로 다시 나타난다. 다른 말로 하자면, 상호적인 폭력과 복수는 인류 문화가 발원한 그곳, 즉 카오스에 항상 다시 빠지게 한다. 모방 개념을 통할 때 우리는 아낙시만드로스의 유명한 다음 구절이 탁월하게 정의하고 있듯이, 힌두교나 소크라테스 이전 철학자들에게 있던 순환 개념의 진정한 존재 이유를 잘 알 수 있을 것이다.

필연성에 따라 만물이 나왔던 바로 그곳으로 만물은 또한 빠져들게 되어 있다. 왜냐하면 만물은 시간의 질서에 따라 소멸하고 또 부당함을 재판 받아야 하기 때문이다.

* *

당당한 모더니즘은 역사상의 모든 문화 속에서 우뚝 솟아난다. 차이에 대항해서 단호히 동일성과 상호성 편에 선 첫번째 사조였기 때문이다.

고대의 전통적 종교의 부당한 측면으로 치부되던 위계질서에 대해 모더니즘은 대담하게도 동등성과 좋은 상호성을 옹호한다.

방금 이야기한 모든 차이의 철학은 실은 프랑스 혁명과 미국 혁명 훨씬 이전 서구 문화의 근본적인 역동성에 대한 최근의 편파적인 반응일 뿐이다.

언제나 우리들이 갖고 있는 폭력 성향에 대해 통탄만 하면서 그런 인간 조건이 갖고 있는 긍정적인 반대급부를 보지 않는 것은 합리적인 태도가 못 된다. 인간관계의 취약성과 가변성은 인류 최악에서뿐만 아니라 인류 최선에 대해서도 없어서는 안 될 토대이다. 만약 우리 인간관계가 전혀 탈이 나지 않는다면 우리의 관계는 더 이상 나아지지 않을 것이다. 진정한 사랑이 가능하기 위해서는 미움 역시 가능해야 한다.

당당한 모더니즘은 좋은 상호성을 믿는다. 이 모더니즘은 그리고 고대 문화들이 거부했던 모든 것을 다량 흡수할 수 있다는 것을 실제로 입증해 보인다. 고대 문화가 그것들을 거부할 수밖에 없었던 것은 지금 우리가 견뎌낼 수 있는 것들을 받아들이면 고사할 수밖에 없었기 때문이다. 사람은 내일 어떤 일이 일어날지 아무도 모르는 법이다. 인류의 진화에는 항상 커다란 어려움과 엄청난 긴장과 격변이 따르기 마련이다. 최근에 일어나는 폭력 사태들은 물론 인류 역사상 가장 끔찍한 폭력들이다. 하지만 그렇다고 이 모든 폭력을 모더니즘의 탓으로 돌릴 수는 없는 것이다.

거기에는 내가 가볍게 스쳐 지나가기만 한 커다란 문제가 하나 있다. 오늘날의 세상이 고대의 전통적인 차이뿐 아니라, 그 제의를 공고히 하기 위해 생명을 해치는 모든 희생제의를 이미 제거해버린 것을 보면 기분이 흡족하다. 하지만 평온한 관계가 폭력으로 변하는 것을 막기 위해 고대 세계가 행했던 좋은 상호성의 제의를 오늘날의 세계도 지니고 있을 뿐 아니라 때로는 재생산까지 하고 있다. 우리는 그 어느 때보다 정중한 인사, 항의, 맹세, 방문, 축제, 선물 등을 더 많이 행하고 있다.

근래에 들어서는 지속적인 변화에 하도 충격을 받아서인지 오래된 정중한 표현을 길게 늘이려는 경향이 자발적으로 일어나고 있는 것도 볼 수 있다. 이 경향은 정중한 표현의 효과를 강화시키려는 무의식적인 배려의 결과라고 나는 생각한다. 영어에서는 예를 들어, 전통적이지만 모호한 듯한 '굿바이Good-bye'라는 인사말 대신에 '좋은 하루 보내세요Have a good day'라는 표현이 갈수록 더 많이 쓰이고 있고, 프랑스 파리의 택시는 다소 경솔해 보이는 '봉주르, 봉수아르Bonjour, Bonsoir'라는 표현을 예전의 '봉수와레Bonne soirée'와 더 새로운 '본느 주르네Bonne journée'라는 표현으로 친근하게 길게 늘여서 사용하고 있다. 이런 변화는 많은 언어에서 동시에 일어나고 있다. 내가 보기에 이런 변화는 서로 독자적으로 일어나고 있지 요즘 유행하는 영어식 표현의 영향 때문은 아닌 것 같다.

시대에 따른 다른 조짐은, 오래전부터 행해지고 있는 것이지만 갈수록 그 중요성은 날로 커져만 가는 어떤 제의에 대해 우리 사회가 보여주고 있는 신경과민에 이를 정도의 조심스런 태도이다. 이런 특징을 가장 잘 보여주는 제의는 아마 '선물' 제의일 것이다. 이 제의는 다른 모든 제의들처럼, 모든 것을 원만한 관계의 진전에 바침으로써 사회적인 관계를 공고히 하는 것을 목표로 한다. 흔히 이 제의는 소비를 촉진시키기 위해 상업 자본들이 변질시켰다고들 말하고 있다. 물론 옳은 말이다. 하지만 그것이 전부를 설명해주는 것은 아니다. 선물이 진정한 하나의 제의라는 증거는 선물에는 엄격한 규칙이 지배하고 있다는 사실이다. 이 규칙은 선물을 하는 데에 있어서 비상한 기지를 요구하고 있다.

그것이 결국에 가서는 모순된다는 그럴듯한 이유 때문이다. 이 규칙은 상호성과 동등성의 명령과 함께 마찬가지로 중요한 차별성의 명령을 동시에 만족시켜야 한다.

모스가 밝혀놓은 '준다-받는다-돌려준다'라는 선물의 주요 명령은 오늘날의 선물에도 항상 들어 있다. 가령 두 사람이 주고받은 선물 중에서 한 선물이 다른 것보다 비쌀 때, 싼 선물을 받은 사람은 불만을 겉으로 표하지는 않지만 마음의 상처는 더 깊이 남는다. 비싼 선물을 받은 사람이라고 마음이 편한 것은 아니다. 그가 받은 선물이 비싼 이유가 그가 주었던 선물에 대한 상대방의 간접적인 비난이 실렸기 때문은 아닌가 하고 따져보게 되는데, 그러다가 자신이 인색한 사람일지 모른다고 짐작하게 된다.

선물의 차이가 두 사람 수입의 차이를 반영한 것이라면 결과는 더 나쁘게 된다. 비싼 선물을 받은 사람은 마음이 흡족하기는커녕 원한으로 속마음만 더 아리게 될 것이다. 상대방이 자신을 모욕할 의도가 있었다고 느끼게 될 것이다.

선물을 선택할 때에는 물물교환을 하는 것처럼 엄격하게 동등한 것을 고르는 신중함이 요구된다. 아주 정확하게 상대방을 모방해야 한다. 하지만 그와 동시에 아주 자연스럽게 그렇게 된 것 같은 인상을 주어야 한다. 어떠한 계산적인 의도와는 거리가 멀게도, 거역하기 힘든 충동이나 번쩍 떠오르는 영감에서 그 선물을 골랐다고, 우리는 상대방에게 믿게 해야 한다.

가령 당신이 나에게 멋진 만년필을 선물한다고 치자. 내가 그것을 받자마자 점잔을 빼면서 정식 리본이 달린 같은 상표, 같은 모델, 같은 색깔의 정확히 똑같은 만년필을 당신에게 선물로 준다면, 당신은 어떻게 반응할까? 당신은 아주 기분이 상할 것이다.

이제는 좀 다른 예를 생각해보자. 곧장 선물하지도 않고 또 같은 만년필이지만 색깔이 다른 만년필을 골라서 선물을 한다고 가정해보자. 그래도 내 선물은 여전히 받아들이기 힘들 것이다. 아직 충분치 못한 이 차이에다가 상표의 차이, 펜촉의 차이 그리고 아주 특별한 잉크의 차이 등을 보태면 어떻게 될까? 그렇게 되면 사태는 분명 아주 잘 풀릴 것이다. 그러나 차이가 적절하게 되는 바로 그 순간에 새로운 위험이 생겨난다. 내가 준 그 특별한 만년필을 두고 당신은 당신이 나에게 준 평범한 그 만년필에 대한 비난이 실려 있는 것은 아닌가, 하고 생각하게 된다는 것이다.

오늘날의 세계는 옛날에도 그랬던 것처럼, 충분치 않은 차이인 카리브디스를 피하면 과도한 차이라는 스킬라를 만나고 만다.³ 해마다 선물 시즌이 돌아오면 우울증이 늘어나는 것은 놀랄 일이 아니다.

비극은 이런 것이다. 선물 때문에 생겨나는 고민은 상상적인 것이기보다는 정당한 것이다. 예전의 희생제의 집행관들은 성공하였을 때 그 효과가 큰 제의일수록 실패하였을 때는 몹시 무섭다는 것을 모두 잘 알고 있었다. 아주 부질없는 것일지라도 이 모든 규칙들이 지켜지지 않으면, 평화와 조화의 원천인 선물은 악마처럼 변하여 엄청난 노여움의 원인이 되고 만다.

선물에 들어 있는 이처럼 난처한 특징을 알고 난 이상 우리는 태평양 제도 원주민들의 지혜를 인정하지 않을 수가 없을 것이다. 이 원주민들은 일시적이고 또 소비할 수 있는 물건이 아니라 언제나 똑같은 그러면서 성스러운 어떤 물건을 선물로 정하여 서로 교환함으로써 그들의 선린 관계를 돈독히 하였다. 이들이 배

---

3 이탈리아 반도와 시칠리아 섬 사이의 메시나 해협에 산다는, 그리스 신화에 나오는 두 괴물. 짝을 이룬 '스킬라와 카리브디스'는 '한 가지 위험을 피하려 하면 다른 위험을 만나게 된다'는 뜻으로 쓰이고 있다(옮긴이).

에다가 그 선물을 싣고 가서 옆 섬의 주민들에게 엄숙하게 전해 주면 그 섬의 주민들은 이것을 얼마간 잘 모시고 있다고 때가 되면 이것을 또 그 옆에 있는 다른 섬의 주민들에게 그들 역시 엄숙하게 넘겨주었는데, 계속해서 이런 식이었다. 이 물건의 지속적인 순환 덕택에 주민들은 모두 동등한 선물을 주고 또 받곤 했다. 그것들은 항상 똑같은 것들이기 때문이다. 그렇지만 이 물건들은 항상 뜻밖의 것이자 또 신비로운 것이었는데, 그것이 성스러운 것이기 때문이다. 이런 식의 교환은 오늘날의 선물이 요구하는 돈이나 에너지, 시간과 두뇌의 소비 같은 것을 요구하지 않았다. 이것은 악의의 비교도 더 이상 유발할 수 없었으며, 오늘날의 선물이 갖고 있는 불편한 점은 하나도 없으면서 그 장점은 모두 갖고 있었다. 이상은 말리노프스키가 『서태평양의 원양 항해자』에서 묘사하고 있는 것이다.[4]

* *

몇 차례의 충격이 계속되면 우리들의 관계는 악화되지만, 이리하여 어느 누구도 자신이 거기에 책임이 있다고 느끼지 않는다. 우리 모두 그렇다고 여기고 있는 비폭력적인 사람의 폭력은, 제의적 추방과 같은 적당한 예방 조처로 해결할 수 있는 특별히 '공격적인' 사람들의 탓은 절대 아니다. 그것은 우리가 받아들일 수밖에 없는 인간 본성의 지워지지 않는 특성인 공격 본능의 탓이 더 이상 아니고, 우리들이 만들어낸 부정적 상호 합작의 결과인데, 정작 우리는 나르시시즘에 빠져서 못 보고 있을 뿐이다.

---

4 B. Malinowski, *Argonauts of the Western Pacific*, London, Routledge, 1930(옮긴이).

폭력의 책임에서 벗어나기 위해서는 남보다 먼저 앞장서서 폭력을 행사하는 것만 피하면 된다고, 우리는 생각하고 있다. 하지만 스스로가 이 앞장선 행동을 하고 있다는 것을 어느 누구도 알지 못하고 있다. 가장 폭력적인 사람도 자신은 항상 타인의 폭력에 대응했을 뿐이라고 믿고 있을 정도이다.

도덕군자들은 우리들에게 항상, 물론 오로지 가능한 절제 속에서 폭력을 피하라고 설교하고 있다. 그러므로 그들은 분명한 공격에 대해 앞서 이야기한 절제된 반(反)폭력으로 응수하는 것은, 적어도 묵시적으로는 허락하고 있다. 그런데 이 반폭력은 항상 정당하고 합법적인 것으로 보인다. 그들은 이 '정당방위'의 합법성에 대해 전혀 의문을 제기하지 않는다. 하지만 나는 폭력에 대한 방어라고 해서 모두 합법적이라고 보지 않는다. 나의 시각은 무조건적인 평화주의의 입장이 아니다.

모방에 대한 우리의 무지 때문에 폭력의 상승 작용을 향한 큰 문이 열린다고 말할 수 있다. 여기서 우리는 그 흔한 도덕률이 폭력이라는 익숙한 제도에서 결코 어떤 것도 변화시키지 못했다는 사실에 놀라지 않을 수가 없다! 모든 도덕률에는 폭력에 관한 우리의 관행적인 환상이 들어 있다. 그래서 우리의 마음에 거슬리지 않는 것이다. 이런 도덕률들은 우선 우리 자신이 무고하다는 사실을 보장해주고, 또 만연해 있는 폭력에 대한 우리의 고상한 분노도 정당화해준다. 하지만 이 도덕은 우리 자신에 대해서는 결코 조그만 의심도 갖지 않게 하며 우리가 한탄하는 바로 그런 현상들에 실은 우리 스스로가 기여하고 있다는 점을 암시조차 하지 않고 있다.

아주 무의미한 것처럼 보이는 갈등도 앞에서 보았던 그런 정도로 아주 교활한 것이라면, 폭력은 우리 주변만이 아니라 바로 우리 안에 있는 것이라고 말할 수 있다. 인간관계의 모방을 설명하고 있는 유일한 기록은 복음서인데, 그중에서도 가장 중요한 가르침은 다음의 그 유명한 「산상수훈」에 잘 들어 있다.

'눈은 눈으로, 이는 이로'라고 하신 말씀을 너희는 들었을 것이다. 그러나 나는 이렇게 말한다. 앙갚음하지 마라. 누가 오른뺨을 치거든 왼뺨마저 돌려 대고 또 재판에 걸어 속옷을 가지려고 하거든 겉옷까지도 내주어라(「마태복음」 5:38~40).

대부분의 현대인들은 이 가르침을 아주 순진할 뿐 아니라 지나치게 비굴하게 고통을 찬미하는 등 '마조히스트'적이라서 심지어는 비난해도 괜찮은 것으로까지 여기고 있다. 이런 해석에는 어디에서나 정치적 의도를 따지고 인간관계의 '비합리성'에다가는 '미신'이라는 꼬리표만 붙이는 이데올로기의 흔적이 들어 있다.

예수는 과연 우리들에게 아무한테나 무릎을 꿇고 그럴 생각도 없는 사람에게 뺨을 치도록 간청하고 강자의 변덕을 만족시키기 위해 우리를 기꺼이 내던지라고 진정으로 가르치고 있는 것일까? 이런 해석은 이 「마태복음」 구절을 수박 겉 핥기 식으로 해석한 결과이다.

그렇다면 이 구절은 진실로 무슨 의미를 내포하고 있는 것일까? 우선 여기에는 아무런 자극도 없는데 우리의 뺨을 때리는 화가 난 사람이 나오고 그 다음에는 우리 속옷을 법을 통해 빼앗으려는 사람이 나온다. 그런데 당시 예수가 살던 시대에 무릎까지 내려오는 그 속옷은 아마 하나뿐인 속옷으로 중요한 의상이었을 것이다.

전형적으로 비난받아 마땅한 이런 행동은 우리를 자극할 어떤 속셈이 있음을 암시하고 있다. 그 사악한 사람들은 오로지 우리를 격화시키는 것만을 원하는데, 그렇게 함으로써 폭력의 상승 작용에 우리를 끌어들일 수 있기 때문이다. 그들은 우리의 보복을 유발시키려고 사실 최선을 다하고 있다. 우리의 보복은 곧 그들의 최종적인 폭발을 정당화해줄 것이기 때문이다. 그들은 소위 '정당방위'의 핑계를 찾고 있는 것이다. 그들이 우리에게 행한 것처럼 우리가 그들에게 행하게 되면, 그들은 곧 그들이 행한 부당한 행위를 우리의 폭력 때문에 어쩔 수 없이 하게 된 정당한 복수라고 꾸밀 것이 뻔하다. 그러므로 우리는 그들에게 그들이 우리에게 요구하고 있는 그 부정적 상호 합작의 빌미를 주어서는 안 된다.

우리가 언제나 폭력에 굴복해서는 안 되는 이유는, 폭력이 우리를 악으로 밀어넣기 때문이기도 하지만, 언제나 최악의 폭력인, 전염병처럼 퍼져나가는 이 집단적인 구상에 종지부를 찍을 수 있는 것은 오로지 폭력에 대한 우리의 저항밖에 없기 때문이다. 예수가 가르치는 이런 행동만이 폭력의 상승 작용을 그 싹부터 막을 수 있다. 한 순간만 지나면 때는 이미 늦다.

복수하고 싶은 마음에 우리가 조금이라도 굴복했을 때, 다시 말해 한 번 더 모방을 따랐을 때의 결과인 엄청난 위기에 비하면, 분쟁의 대상물은 그것이 아무리 소중한 것이라 하더라도 일반적으로 제한된 것이고 또 유한한 것이다. 그래서 그 대상물을 포기하는 것이 더 낫다.

우리는 복수를 포기하는 것이 상대방의 머리에 '타고 있는 숯불'을 쌓아놓는 것, 즉 상대방을 난처한 입장에 처하게 하는 것이라고 주장하고 있는 바울의 말과 비교해보면 앞의 「마태복음」 구절을 더 잘 이해할 수 있을 것이다.⁵ 이 전술에 능한 사람의 말은 예수와는 다소 거리가 먼 것 같다. 바울의 말은 시니컬한 어조로 비폭력의 실질적인 효력에 대해 암시하고 있는 것 같은데, 이 느낌은 물론 사실이 그렇다기보다는 겉으로 그렇게 보인다는 의미일 뿐이다. 여기서 '시니컬'이라고 말하는 것은 우리도 모르게 폭력이 분출하려는 바로 그 순간의 비폭력의 구체적인 요구를 과소평가하는 것이기 때문이다.

지금 내가 하고 있는 이런 지적이 의미가 있는 곳은, 오로지 항상 우리 자신의 폭력에 의해 위협받고 있는 지금 이 세상 속에 서일 뿐이다. 예전에는 산상수훈을 '비현실적'인 것으로 보는 것이 가능했지만 지금부터는 불가능할 뿐 아니라 갈수록 가공할 만한 수준으로 커져가는 인류의 파괴력 앞에서는 순진함도 그 진영을 옮겼다. 이때부터 사람들은 평화 유지에 대해 모두 한결같이 큰 관심을 갖고 있다. 더군다나 진정으로 세계화가 된 지금 세상에서는 폭력 상승에 가담하지 않는 것이야말로 당연히 생존의 '필요불가결한' 조건이 된다는 것이 갈수록 더 분명해질 것이다.

---

5 "그러니 '원수가 배고파 하면 먹을 것을 주고 목말라 하면 마실 것을 주십시오. 그렇게 하면 그의 머리에 숯불을 쌓아놓는 셈이 될 것입니다'"(「로마서」 12:20— 옮긴이).

제2장 선량한 원시인과 타인

민족학자들이 원시 종교를 발견하고 있을 당시 신문기자들과 해설자들은 거기에 제의적인 식인 풍습과 인간 희생 그리고 독자들이 흥미로워하던 또 다른 이국적인 폭력이 들어 있다는 점에서 이런 발견에 대해 큰 관심을 나타냈다.

서구인들의 눈에는 자신들의 기술만큼이나 서구의 모럴도 우수한 것으로 보인다. 서구의 이런 생각에서 선정주의(煽情主義)가 생겨났는데, 지금은 3류 출판물에만 남아 있다. 독자들은 옛날사람들처럼 폭력에 탐닉하고 있지만, 언론은 고대 종교 바깥에서 그 예를 찾으려 하고 있다. 지금의 언론은 이제는 비서구의 문화를 더 존중하고 있는 대중의 여론을 거스를까 봐 조심하고 있다는 말이다.

식민 제국의 종식과 지난 시대의 전쟁은 서구인들로 하여금 자신들의 폭력을 되돌아보게 하였다. 이것은 분명한 하나의 진보인데, 종교에 관한 우리의 지식도 이 진보의 덕을 볼 날이 있기를 바란다.

하지만 지금은 애석하게도 종교인류학이 정체 상태에 있다. 서구와 고대 문화 사이의 끔찍한 분쟁에는 정치와 유행이 휩쓸고 있다. 그 정도가 갈수록 심해져서 지금은 '정치적으로 올바른 politiquement correct' 시대착오적인 시각에서, 고대 문화의 명성을 퇴색시킬 위험이 있는 것은 무엇이든 검열을 하는 지경에 이르렀다.

미국에 있는 몇몇 아메리카 인디언 박물관은 다른 점에서는 썩 훌륭하지만, '아메리카 원주민' 문화의 종교나 전투에 들어 있던 폭력은 축소해버리거나 심지어는 완전히 삭제해버리고 있다.

이런 검열을 정당화하려면 이런 검열과 상반되는 증거들이나 오늘날엔 완전히 사라지고 없지만 고대 종교의 흔적이 아직 남아 있을 때에 연구했던 민족학자들의 업적들을 무시해야 할 것이다. 그래서 이런 도편추방을 정당한 것으로 만들기 위해 '다문화주의' 이전의 연구는 '모두 서구 제국주의에 굴종했다'는 주장이 나오고 있는 것이다.

하지만 사실은 전혀 그렇지 않다. 대부분의 민족학자들은 자신들이 연구하는 그 문화와 연대감을 느끼고 있었지, 그 문화에 들어 있는 충격적인 면을 감추거나 은폐하려고 하지 않았다.

예전 민족학자들이 고대 사회에 대해 모두 선의를 갖고 있었던 것은 아니다. 예외도 있다는 것을 인정해야 한다. 지금도 널리 읽히고 있는 민족학의 유일한 고전인 유명한 『황금가지』가 이 '조악한 원시인들'의 저주스러운 '미신'에 대한 멸시를 감추지 않고 있는 것이 좋은 예가 될 것인데, 그럼에도 불구하고 저자인 프레이저는 자신의 기념비적인 이 책을 그들에게 바치고 있다.

프레이저 같은 사람과 그의 경쟁자들을 한데 묶어서 보면 현대인들이 그들에 대해 만들어놓은 이미지와 합치하고 있는 것 같지만, 자세히 살펴보면 실은 아주 다르다. 그들이 속해 있던 이데올로기는 오늘날 우리가 도처에서 볼 수 있는 초보적인 인종차별주의가 아니었다. 그들의 이데올로기는 프레이저 시대에 아주 유행했던 반기독교 전쟁에의 참여를 암시하는, 그 당시 위세를 떨치고 있던, 진보라는 종교다.

　당시 민족학자들이 고대 종교에 대해 엄격한 모습을 보인 이유는 기독교를 간접적으로 공격하기 위해서였다. 이들은 오늘날 많은 사람들이 하고 있는 것처럼 기독교를 가지고 다른 종교와 유사한 죽음과 부활의 신화를 만들고 있었는데, 이 신화에는 물론 부당하게 '서구 중심주의'가 스며들어 있다.

　이 연구자들은 서구가 종교적 회의주의의 왕도에서 가장 앞장서 있다는 한 가지 이유로, 서구를 다른 문화보다 물론 우수한 것으로 보고 있다. 이들의 서구주의는 인종차별주의적인 것보다는 역사주의적인 것이다. 그들이 보기에, 서구는 분명 아직은 충분히 회의적인 것은 아니지만, 특히 민족학자들 덕택에 목표에 가장 가까이 접근해 있고 지구상의 다른 지역에 앞서서 목표에 도달할 수 있을 것 같았다.

　이런 민족학은 당시의 대학을 지배하던 철학인, 물론 약간 부족하긴 하지만 끈질긴 연구와 의식적인 묘사를 도와주는 실증주의의 장단점만을 잘 반영하고 있다.

　고대 문화를 관념적으로 찬양하는 데 싫증이 나면 사람들은 분명 고대 문화를 더 잘 알고 싶어서 민족학자들, 특히 영국의 민족학들이 편찬한 대단한 종교 대백과사전을 찾게 될 것이다.

　그리스의 헤로도토스와 투키디데스같이, 이런 민족학은 세상을 이해하는 데 필요한 지식의 유일한 원천이다. 만약 이것이 없었더라면 이 지식들은 흔적도 없이 사라졌을 것이다. 그들의 연구는 문화 전래 역사상 전례가 없을 정도로 광범위하고 또 정확하다. 내가 『폭력과 성스러움』을 준비하면서 발견했던 것이 바로 그것이다.

* *

오늘날 널리 유행하고 있는 반(反)서구의 열기는 타문화, 특히 고대 문화를 대하는 서구 사고방식과의 분명한 단절을 가져오기는커녕, 아이러니컬하게도 전형적인 서구적 사고방식으로, 그것도 오로지 서구의 사고방식으로만 생각하게 한다.

어떤 문화에 속한 개인이 낯선 문화와 만날 때 그는 다음과 같이 상반된 방식으로 반응할 것이다. 우선 그는 자신의 문화를 더 좋아하든지 아니면 낯선 문화를 더 좋아할 것이다. 이중에서 가장 흔히 일어나는 반응, 즉 가장 자연스러우면서도 가장 문화적인 반응은 자신을 더 선호하는 것이다. 이런 반응은 서구를 포함한 모든 문화에서 예외 없이 나타나고 있는 반응이다.

현대 사회보다 고대의 전통 사회에서는 사람들이 자신들의 문화에 더 많은 것을 의지하고 있었기 때문에 자신들의 문화를 비판할 수 있을 정도로 거리를 유지하기도 더 힘들었다. 오늘날도 마찬가지여서, 대부분의 사람들에게 자기 문화에 대한 비판은 여전히 상상하기 힘든 것이다.

타문화보다 자기 문화를 무조건 더 좋아하지 않고 또 종교적인 명령을 맹목적으로 따르지 않는 자기 문화 구성원들을 모든 문화는 엄격하게 취급한다. 고대 문화의 이런 명령이, 내 생각처럼, 내부와 외부, 받아들일 수 있는 것과 받아들일 수 없는 것 등을 최초로 구별한 초석적 배제에서 나온 것이 사실이라면, 이 명령을 거부한 자들이 배제, 즉 추방의 형을 받았을 것이다. 그 문화는 이런 사람들을 향해 초석적 폭력을 행사하게 되는데 이 폭력은 후에 모든 희생제의, 모든 종교적 순화 작용의 모델 역할을 하게 된다. 자기 문화에 대한 선호는 분명 어떤 대가를 치르고도 지속되었을 것이다. 자기 문화 선호야말로 정체성이고 상대적인 자율성이며 이런 문화들의 존재 그 자체인 것이다.

서구 세계는 다른 점에서도 그러하지만 이 점에 있어서도 참 특이한 세계이다. 서구에는 모든 문화가 그러하듯이 가족, 도시, 국가, 서구 전체와 같은 문화적인 모든 소속감에 자신을 일치시키는 경향도 있지만 그와 상반된 경향도 아주 빨리 나타나는데, 이것은 바로 이 소속감에 반대되는 경향이다. 이 두번째 태도는 물론 주류는 아닐 거라고 생각한다. 하지만 이 경향은 특히 오늘날에 와서 쉽게 이식되고 번져나가서 정상적이고 합법적인 것으로 보일 정도이다. 서구를 벗어나면 자기 문화 비판은 없거나 있더라도 아직 맹아의 단계에 있다고 생각한다.

한마디로 말하자면, 서구인들은 자문화와 타문화의 관계에 대해 세계 모든 문화들이 행하고 있는 자문화 찬양과는 전혀 상반된 새로운 사고방식을 만들어낸 것이다. 이 예외적인 태도는 구체적으로 어떻게 발현되고 있을까? 이 태도를 택한 사람들은 종종 타문화 체제에 기대어서 그 체제를 서구 문화 체제와 비교하고는 전자가 더 우월하다고 결론을 내리고 있다. 한마디로, 이 사람들은 서구 문화에 대한 찬양에 반대하기 위해 타문화 찬양을 택하고 있다.

이런 사실을 알고 나면, 지난 5세기 동안 서구 문화 속에 고대 문화가 자주 등장한 사실과 대개는 일시적인 것이긴 하지만 특히 사상가, 작가, 예술가들의 고대 문화에 대한 심취가 이해될 수 있을 것이다.

자기 문화 비판은 이것과 다투는 자기 문화 찬양에 비하면 언제나 부차적인 것이다. 그렇지만 이것도 아주 오래된 것이라서, 르네상스 시대 문학, 특히 몽테뉴의 유명한 에세이 「식인종」에서도 잘 나타나 있다. 이 저자는 여기서 루앙에서 만난 두 명의 투피남바 족 원주민을 보고 사람들이 깜짝 놀라는 것을 놀리고 있다.

투피남바 족은 브라질 북서부의 대서양 연안을 따라 살고 있었다. 그들의 종교 체제는 식인 의식에 기초를 두고 있는데, 이 식인 의식은 이웃하고 있는 두 씨족간의 증오를 제의화한 것이었다. 이 두 집단은 포로를 확보하기 위해 끊임없이 전투를 벌였으며 포획한 포로들을 처음에는 점잖게 대우하였다. 왜냐하면 이들은 포로들이 결혼하여 아이를 낳을 수 있도록, 요컨대 그들 집단에 동화되도록 도와주었기 때문이다.

투피남바 족은 포로가 그들 공동체에 완전히 동화되는 기간이 끝나고 난 뒤에야 그 포로를 희생제의에 사용할 수 있다고 생각하였다. 이런 생각은 다른 많은 문화에서도 나타나고 있다. 동화 기간이 끝났을 때 그들은 이 불쌍한 자들을 죽여서 먹곤 했다. 자기 집단에서 잡혀간 포로에 대해 똑같이 행동하는 상대방 집단에게 복수를 한다는 생각에서였다. 이리하여 이들은 상대 집단이 행한 폭력에 대해 복수한다는 똑같은 목적에서 서로 똑같은 식인 폭력을 되풀이하였던 것이다.

몽테뉴는 이 투피남바 원주민의 이름이나 고향에 대해 일언반구도 하지 않는데, 그는 아마 그들의 풍습에 별로 관심이 없었던 것 같다. 어쩌면 몽테뉴가 그 원주민들을 실제로 만나보지 않은 것은 아닌가, 하는 의문이 들기도 한다. 그는 낯선 유토피아적인 비상과 재미있는 풍자와 재담의 소재로 원주민들을 이용했지만, 그들을 존중하기 위해서는 그들의 인류학적인 배경을 전혀 모르는 것이 더 낫다. 『수상록』의 출판인들이 주로 투피남바 족 이야기 부분에 와서 그토록 신중하였던 것도 바로 이런 이유에서였을 것이다.

결말 부분에서 몽테뉴는 '우리 프랑스 사람들은 인디언을 왜 믿지 않을까'라는 수사학적인 의문을 던져놓고는, 우스꽝스럽게도 "우리와 같은 짧은 바지를 입고 있지 않기 때문"이라는 대답을 제시하고 있다. 이때 몽테뉴 자신은 과연 이 문제를 진지하게 생각하고 있었을까, 하는 의문을 우리도 제기해볼 수 있을 것이다. 이 에세이에서 식인 풍습을 암시하는 구절은 「식인종」이라는 제목이 유일한 것이다. 몽테뉴는 투피남바 족에 대한 사람들의 말을 자신은 믿지 않는다는 것을 보여주려 했다고, 나는 생각한다. 오늘날의 다문화주의자들처럼, 그는 이미 '서구 중심주의'가 사악하게 지어낸 말을 의심했던 것이다.

사상 토론에서는 언제나 회의론이 신뢰보다 우세한 법이다. 몽테뉴에게는 안되었지만, 우리는 지금 투피남바 족에 대해 잘 알고 있다. 그의 동시대 사람들로부터 얻은 정보 덕택인데, 그들은 투피남바 족에게 잡혔다가 탈출에 성공한 여행객들이다. 그들의 보고는 따로 이루어졌지만 중요한 점에서는 서로 일치하고 있다. 그 인디언들에게 적의를 갖기보다는 이 증인들은 거의 모두가 몽테뉴처럼 '정치적으로 올바랐다.' 그들의 이야기는 명쾌하고 정확하다.

내게 가장 인상적이었던 것은, 이 기록들에서 선명히 드러나는 것이 바로 희생양 논리였다는 것이다. 하지만 이 논리는 개념화되어 있지 않았는데 그것은 이 기록을 쓴 사람들이 그것을 알지 못했기 때문이다. 희생양 논리는 남북 아메리카의 아주 넓은 지역에서 자주 나타나고 있기에, 이를 다 열거하려면 이들 사이의 그 수많은 문화를 다 비교해야만 가능할 것이다. 이 논리는 아스텍의 제의와 비교될 수는 있지만 정말로 똑같은 것은 아니다. 그러므로 이 저자들은 없는 사실을 지어낸 것이 분명 아니다.

「식인종」에 나타나 있는 몽테뉴의 침묵이 회의론에서 나온 것인지 혹은 무관심에서 나온 것인지 결코 알 수 없을지 모르지만, 하여튼 실망스럽기는 마찬가지다. 인류학적인 관점에서 나는 그의 책보다는 투피남바 족에 관한 오래된 증언들을 집대성하고 있는 알프레 메트로의 책이 더 나은 것 같다. 그 책은 원래 1928년에 학위 논문으로 간행되었던 것인데, 후에 클로드 레비-스트로스라는 젊고 총명한 한 민족학자에게 사람들이 보여준 기이한 열광이 예고했듯 원시주의에 대한 새로운 물결이 일었을 때인 1951년에 다시 수정되어 나온 책이다.

이 책의 짧은 서문에서 메트로는 "이 인디언들은 밝을 때 보면 아주 무섭게 보이지만 사실은 '선량한 원시인' 신화의 화신이었다"고 비꼬는 투로 지적하고 있다.[6]

* *

르네상스를 지나면서 자기비판의 열정은 수그러들고 대신 정반대의 태도가 득세한다. 프랑스에서 서구로의 회귀는 절대왕권에 대한 경배로 쉽게 미끄러져 들어간다. 루이 14세는 이 경배의 대상이자 사제이자 첫번째 신도였다.

18세기로 들어서자 예전보다 더 높은 원시주의의 새 물결이 유럽을 휩쓴다. 이 물결은 『페르시아인의 편지』에서 『걸리버 여행기』에 이르고, 『순박한 사람』에서 『캉디드』에 이르는 수많은 걸작들을 만들어내는데, 특히 우리는 '선량한 원시인'의 뛰어난 정제품인 자연인 루소를 잊을 수가 없을 것이다.

---

[6] Alfred Métraux, "L'anthropophagie rituelle des Tupinamba," dans *Religions et magies indiennes d'Amérique du Sud*, Paris, Gallimard, 1967, pp. 45~78.

계몽주의 시대와 그 혁명의 절정기를 지나 19세기로 접어들면서 새로운 서구 회귀가 일어나는데, 이 시기는 산업자본주의가 날로 팽창하던 시기였다. 북유럽과 북서유럽의 지배 부르주아들 사이에는 전례가 없는 대단한 낙관론이 지배하고 있었다.

서구가 이끌고 있는 인류의 무한한 진보에 대한 믿음은 이 시기에 황금기를 맞았다. 서구 국가들 사이의 모방적 경쟁은 식민주의의 열기를 불러일으키고 모든 종류의 모험에 용기를 북돋워 준다. 서구의 이 오만에 타격을 주기 위해 제1차 세계대전이 필요했고, 제2차 세계대전은 서구의 이 오만함에 치명타를 날리면서 시계추의 마지막 진자 운동으로 그때까지 남아 있었던 것 중에서 그 물결의 파고가 가장 높았던 새로운 원시주의의 물결이 시작된다. 이 물결은 이 글을 시작하면서 앞에서 말한 바 있다.

오늘날의 '다문화주의' 혹은 '다원주의'는 서구가 기원이었음을 인정하려 하지 않지만, 수세기 전부터 문화 일반에 대한 서구의 반성을 알려주는, 앞에서 보았던 그런 왕복 운동을 통해서만 우리는 이것들을 이해할 수 있다.

다문화주의와 같은 최근의 운동은 그 지독한 성질 때문에, 스스로가 서구 정신의 총화라는 생각을 잘 받아들이지 못하고 있지만, 이 지독함 자체가 이런 생각이 옳다는 것을 말해주고 있다. 메트로놈의 추가 한 번씩 왕복할 때마다 더해만 가는 '한술 더 뜨기'의 최종 결과가 바로 이런 유독성이다. 한술 더 뜨기는 처음부터 '원시주의'를 특징짓고 있던 것이다. 오랫동안 서구 지성계에 리듬을 부여하던 '원시주의'와 '서구 중심주의' 사이의 왕복 운동은 대단한 생산력을 보여주었는데, 적어도 최근 천년 동안의 서구 사회를 특징짓는 동화력과 자기 변신의 놀라운 능력은 이 왕복 운동과 절대 무관하지 않다.

하지만 우리는 이 왕복 운동의 생산력이 다 고갈되어 이제부터는 불모의 극단이 된 것은 아닌가, 하는 생각을 할 수도 있을 것이다. 미국의 몇몇 인류학과에서는 오래전부터 인류학의 연구 대상이 되는 바로 그 문화권에 살고 있는 사람들만이 유능한 연구자가 될 수 있다는 주장을 하고 있다.

이 말은 르네상스와 계몽주의 정신의 위대성인, 보편적인 지식욕을 부인하고 있다. 다문화주의는 배제의 욕구를 서구의 주된 잘못이라고 비난하고 있으면서도 종종 자기 스스로 이 욕구를 따르고 있다. 다문화주의는 갈수록 더 많은 소통과 개방을 도와주는 것이 아니라, 오히려 비서구 문화의 인위적인 복구에 기대어 안으로 문을 걸어 잠그고 있다.

인간은 이처럼 하나의 과잉을 피하면 필히 그 반대의 과잉에 빠지게 되어 있다. 메트로놈이 한 번씩 움직일 때마다 그 왕복 운동은 더 격해지지만 동시에 더 추상적인 것이 된다. 언쟁에서 흔히 볼 수 있는 과격한 말은 내용의 빈곤과 알맹이의 실종을 감추고 있는 것이 그 좋은 예일 것이다.

왕복 운동은, 갈수록 그 의미가 점점 더 줄어들어가는 시소놀이에서 긍정적인 기호와 부정적인 기호를 전도시키는 역할만 하고 있다. 이때부터 우리는 오른쪽으로 누워도 잠이 오지 않고 왼쪽으로 누워도 잠을 이룰 수가 없어서 또다시 돌아눕는 불면증 환자와 같아진다.

이 두 경향의 변화를 유심히 살펴보면 우리는 항상 극적인 이들의 반대가 그들의 유사성을 감추기 위한 것이 아닌가 하는 생각을 하게 된다. 자문화 비판은 가장 화려하던 시기에도 항상 소수였지만 그럼에도 불구하고, 가령 오늘날과 같은, 어떤 시기에는 커다란 명성을 얻어 그 영향력이 압력을 행사할 정도에 이르기도 한다. 이런 자문화 비판은 옛날에는 몽테뉴의 「식인종」에 이미 특징적으로 나타났던 뭔지 모를 불순한 장난에도 불구하고 실제 변화를 초래하였다.

'선량한 원시인'이라는 원시주의는 오늘날 서구의 본질적인 전통이 되었기 때문에 어쩔 수가 없는 것이다. 이것이 오늘날 인류학의 중요한 독트린임을 인정해주어야 할 것 같다.

이런 현상의 결과 중의 하나는 원시주의가 전복적인 힘을 잃었다는 것이다. 그리고 원시주의의 진실은 더 이상 고대 전통 문화의 '전통주의'와는 아무런 관련도 없는, 다른 방향에서 변해온 서구주의에서도 진실이다.

서구의 자기 찬양의 각 단계에는 원시주의에서 나온 것들도 들어 있는데 거기에는 원시주의의 구성 원칙과 함께, 갈수록 서구 문화의 특징으로 간주되고 있는 자기 문화 비판, 더 이상 불변의 것에 기초한 것이 아니라 이제는 변화에 기초해 있는 우월성 원칙 같은 것이 있다.

서구주의는 불변의 문화로 조심스럽게 후퇴하고 있는 것이 아니라 오히려 자신의 변신 능력에 흥분해 있지만, 이 변신 능력은 사실 원시주의에 근거해 있다. 물론 우리는 이런 것을 과학 정신 자체와 서구가 일구어낸 엄청난 기술적인 쾌거에 대한 흥분과도 연결시킬 수 있다.

서구의 자기비판과 자기 찬양은 마침내 역설적인 수렴에서 다시 만나고 있지만 인정은 하고 있지 않다. 쌍둥이와 같은 이 두 가지 전통은, 서로가 닮았다는 사실을 알게 될수록 더 많은 적의를 품는 모방적인 짝패들을 연상시킨다. 그들은 온갖 수단을 다 써서 차이를 많이 만들어냄으로써 이 닮은 점을 감추려 한다. 우리는 적대자들이 자신들의 적대 관계를 넘어서서, 자신의 존재를 유지시켜주는 불일치를 지속시키기 위해 서로가 서로를 필요로 하고 있다는 것을 느낄 수 있을 것이다. 이 짝패들의 은밀한 합의는 그들의 진실이 드러나는 것을 막는 것이다. 이 진실은 그것이 드러나면 둘 다 소멸하게 된다는 것을 예감케 하는 그런 진실이다.

언쟁에서 우선권을 쟁취하기 위한 무의미한 대립을 피하려면 이 대립이 무엇을 감추고 있는지를 깨달아야 한다. 프레이저 같은 사람의 서구주의를 특징짓는 것은, 서구의 폭력을 벗겨내어 이 폭력을, 암흑에 사로잡혀 있다고 서구인들이 폄하하는 고대 문화에 되던짐으로써 서구에는 폭력이 없었던 것으로 만들려는 심원한 노력이다. 말하자면, 진보의 경쟁에는 우수한 학생과 함께 그대로 내버려두면 수업에 뒤처지는 열등생이 있는데, 끊임없이 진보하고 있는 세계의 무질서와 불화에 책임이 있는 자가 바로 이런 열등생이라는 식이다.

이 모든 것은 정말 어처구니없는 말이다. 그래서 오늘날의 원시주의가 그런 것을 고발하고 있는 것은 옳다. 오늘날 세상에 대한 진정한 위협은 오래된 문화를 파괴하고 있는 국가나 자본가들의 미친 야망에서 나오고 있다. 그 결과에 대해 걱정도 하지 않으면서 전 세계를 무분별한 기업체들의 수중으로 내던지면서 지구 자원을 약탈하고 있는 것이 소위 말하는 선진국들인데, 이들은 그 결과를 예상할 능력이 없다.

서구를 더 흰색으로 만들기 위해 고대 사회를 검은색으로 칠할 때 그들이 한 것은 결국 무엇일까? 그들은 결국, 자기들 내키는 대로 인류를 고대 세계와 오늘날의 서구 세계로 나누어놓고는 폭력은 전통적인 고대 사회의 것으로 밀쳐버리려고 애쓰고 있는 중이다.

이것이 바로 프레이저가 행한 것이다. 그 반대로 서구를 검게 칠하기 위해 고대 사회를 이상화하는 사람들은 자신들은 이들과 아주 다르다고 믿고 있다. 하지만 궁극적으로는 이들도 똑같은 것을 행하고 있는데, 그들도 세상을 두 개의 단단한 칸으로 나누어놓고는 모든 폭력을 이중의 한 칸, 즉 오늘날 서구 사회의 칸으로 밀쳐버리려고 애쓰고 있기 때문이다.

그러나 이 주장은 앞의 주장보다 훨씬 더 진실에 가까운 것은 아닐까? 지금은 사라지고 없는 사회이기에 지금의 어느 누구에게도 위험을 주지 않는 고대 사회에게 폭력을 돌려버리는 것은 우리를 놀리는 것이다. 프레이저 시대에도 거짓처럼 보였을 이런 주장은 정말 기괴한 것이 되었다. 이것이 바로 고대 종교의 폭력을 강조하면서 내가 항상 하던 그런 주장이 아닐까? 그런 주장을 행함으로써 내가 바로 '서구 제국주의의 추종자'임을 스스로 증명한 것은 아닐까?

고대 사회의 폭력이 지금 우리에게는 그다지 의미가 없다는 이런 생각은 절대적으로 보면 분명히 옳다. 그리고 오늘날 세계에 가해지는 위험과 우리 사회의 명예를 더럽히는 부당함에 대해 누가 책임이 있는지를 정해야 할 때는 이런 생각이 적절하다. 하지만 우리에게도 부당한 것이 없지 않기에 나는 다른 생각에 더 관심이 간다. 프레이저와 같은 이유로 내가 고대의 폭력에 관심이 끌리는 것이 아니다. 우선 나에게는 고대 사회를 비난하고 싶은 마음이 추호도 없다.

내가 고대 사회에 대해 적의를 갖고 있다고 여기는 사람들은 내 작업의 의미를 이해하지 못하고 있는 사람들이다. 원초적 폭력이 중요한 것은 그것이 갖고 있는 분명한 상징성 때문이다. 우리 자신의 폭력을 이해하기 위해서는 이것을 제의적 폭력과 비교하여 그 유사성을 인정해야 하는데, 모방적 인류학만이 이 임무를 회피하지 않고 있다.

원시 사회의 폭력은 오늘날의 폭력에 비하면 분명히 비교도 되지 않는 것이다. 그렇다고 무시해도 좋을 정도는 아니지만, 절대 권력도 형편없었고 그것의 생태학적인 결과도 대부분 그랬다.

프레이저는 제의적 의미의 희생양이 「레위기」뿐만 아니라 고대 문화 도처에서 나타나고 있다는 것을 발견했다는 점에서 중요한 역할을 한 사람이다. 그에 의해서 희생양이라는 말의 의미가 확장되었다. 이때는 프레이저가 뜻하는 의미로의 확장이었지만 그 뒤에는 더 중요한 의미 확장이 요구된다.

내가 희생양이라는 이 표현을 쓰고 있는 것이야말로 내 작업의 아마추어리즘을 말해주는 것이라고 클로드 레비-스트로스는 생각한다. 그에게는 '희생양'이라는 표현이 거슬렸던 것이다. 이 표현은 그 자체로는 하나도 중요하지 않다. 그런데 내가 만약 그리스어 '파르마코스pharmakos'나 혹은 그게 어떤 표현이든 간에 '제의적 추방의 희생물'을 지칭하는 다른 표현을 사용했더라면, 그의 기분도 거슬리지 않고 모든 게 잘 풀렸을 것이다. 되풀이해서 말하지만, 만약 그렇게 해서 그 말의 의미를 프레이저가 쓰고 있는 그 의미 이상으로, 즉 제의적 의미 이상으로 확대해서 사용함으로써, 물론 오늘날에는 더 이상 제의가 없기 때문에 그대로 나타나 있는 것이지만, 제의 뒤에 감추어져 있던 심리-사회적 현상에 도달하였다면 말이다.

바로 이런 것이 프레이저가 할 수 없었던 것이다. 그는 제의적인 희생양 뒤에는 미신만이 있으며, 인간에게는 자신들의 폭력을 희생물과 같은 대체물에게 전가시키는 보편적인 경향이 있다는 것을 전혀 이해하지 못하고 있었다. 이제 우리는 이 기이한 현상을 쉽사리 알아볼 수 있는데, 그것은 이를 감추는 제의가 더 이상 없기 때문이다.

대부분 형태만 조금 완화되었을 뿐 항상 고대 종교의 희생양과 같은 희생양이 계속 존재하고 있다는 사실을 프레이저는 생각도 하지 못하고 있는데 이 점에 있어서는 레비-스트로스도 마찬가지다. 어느 시대나 어느 곳에서나, 자신에게 화를 끼친 그 대상에게 감히 복수할 수 없을 때 사람들은 무의식적으로 대체물을 찾으려고 시도하는데, 대부분은 찾는 데 성공한다. 프레이저가 오명을 씌운 '거친 야만인'들에게 사실인 것은 영국의 자애로운 폐하이신 빅토리아 여왕에게도 진실이며, 그 결과 제임스 조지 프레이저 자신에게도 진실인 것이다. 그런데 오늘날의 민족학자들은 이런 것을 보지 못하고 있다.

프레이저가 부정했던 희생양의 보편화를, 아무도 지적한 적은 없지만, 서구의 모든 언어는 오래전부터 이미 훌륭히 수행해내고 있었다. 가령 일상생활에서 어떤 사람이든 '희생양'이라는 말에다가 우리가 '아무개가 가족과 친구들 그리고 언론의 희생양이다'라는 말을 할 때 이해하는 그런 심리사회적인 의미를 부여할 때마다 희생양이라는 표현의 보편화는 분명히 드러나고 있다.

프레이저가 보지 못했던 것을 오늘날의 다문화주의자들은 보고 있는데, 이 점에서 우리는 그들에게 경의를 표해야 할 것 같다. 그들은 지금 이 세상을 분명히 보고 있다. 다시 말해 그들은 다소 감추어져 있을 뿐 이 세상에는 희생양이 가득 차 있다는 것을 알고 있다. 하지만 불행스럽게도 오늘날의 사정에 대해 아주 명석한 오늘날의 이 젊은 우상 파괴주의자들은 프레이저의 맹목을 버리는 대신에 그 반대편의 맹목을 얻고 있다. 그들은 고대 사회에도 똑같은 희생양이 있었다는 것을 못 보고 있다는 말이다.

프레이저가 보지 못했던 것을 우리의 다문화주의자들이 다 보고 있지만, 그 대신에 프레이저가 보았던 것은 못 보고 있다. 이 두 계열은 각기 반대쪽이 못 본 반쪽 진실을 아주 명석하게 보는데, 그 결과 다른 반쪽에 대해서는 완전히 눈이 멀고 만다.

이런 시점의 왕복 운동이 일어날 때마다 폭력의 보편성이라는 아주 본질적인 것이 감추어지고 있다. 선택적인 이 이중적 맹목 때문에 우리들 대부분은 모든 문화, 그래서 한 사람의 예외도 없는 모든 개인들이 폭력에 가담하고 있다는 것을 못 보고 있다. 그런데 우리의 집단 소속감과 개인적 정체성을 형성하고 있는 것이 바로 이런 폭력이다.

* *

거대하고 다양하면서도 되풀이해서 나타나는 종교와 같은 문제에 접근하는 유일한 방법은 그 주변에 가변적인 요소들이 분포되어 있는 불변적 요소를 찾는 것이다.

종교에는 불변의 요소가 없다고들 말한다. 엄밀한 의미에서는 맞는 말이다. 그러나 종교에는 거의 불변하는 요소가 들어 있는데, 그것은 바로 그 영향이 적지 않은 인간 공동체 내부에 있는 폭력이다. 이 폭력과 관련해서 인류학을 다시 생각한다는 것은 이 폭력을 종교 연구를 위한 새로운 발판으로 삼는다는 것인데, 이것은 내가 이미 시도한 모험이다.

모든 인류 사회에는 예외 없이 내부의 폭력 때문에 탈이 나는 경향이 있다. 그래서 폭력이 발생하면 인류 사회는 자신들은 빠져 있는 재건의 수단을 이용하였는데, 그것은 단 하나의 희생양을 향한 공동체 전체의 모방적이며 자연발생적인 집중 현상으로,

인류학자들은 이 현상을 결코 발견하지 못했다. 그 집단은 이런 희생양에게 그들이 갖고 있던 모든 증오를 쏟아 부음으로써 마침내 공동체를 파괴하기에 이를 정도로 증오가 주변으로 번져나가는 것을 막게 된다.

『폭력과 성스러움』을 냈을 때 어떤 독자들은 내가 혹시 폭력에 대한 병적인 기호를 갖고 있는 것은 아닌가, 하고 추측하였던 적이 있다. 그런데 지금은 나를 비폭력에 대해 열광하는 자로 추측하는 사람들도 있다. 이번의 추측은 예전의 추측보다는 기분 좋은 추측이긴 하지만 틀리기는 매한가지다. 내가 폭력에 대해 관심을 가지게 된 것은 예전의 인류학이 그때까지 눈길을 주지 않고 있던 과업, 즉 신화와 제의에 대한 체계화를 제대로 해보고 싶다는 소망 때문이었다.

내가 생각하기에 여기서 다른 등불을 이용하지 않으면 우리 과업은 힘들 것 같다. 이 등불은 『구약성서』와 예수 수난을 이야기하는 네 편의 복음서와 같은 종교 기록이라서 뜻밖의 것으로 보일 수도 있을 것이다. 이 종교 기록들은 그리스도와 다른 모든 희생양들에 대한 비난의 과오를 드러내면서 희생양 과정을 그 내부로부터 밝혀주고 있다. 비난을 받은 그 희생양들은 모두 사형에 처해진다. 바로 이 과오에 들어 있는 그 구조적인 힘이 이해되고 나면 모든 형태의 신화와 희생이 다 밝혀질 것이다.

만약 예수에 대한 비난이 끝까지 성공하였다면, 만약 이 희생양이 다른 희생양들처럼 그에 반대하는 분명한 만장일치를 만들어냈다면, 복음서는 또 하나의 신화밖에 안 되었을 것이다. 하지만 예수에 대한 비난은 실패로 돌아가고 예수 수난에 관한 네 편의 복음서는 이 좌절을 확실한 것으로 만든다. 그리스도의 십자가에는 사도 바울이 주장하는 폭로의 보편적인 힘이 들어 있다.

제3장 모방이론과 신학

『희생양은 필요한가?』에서 레이문트 슈바거는 '희생양' 현상이 기독교적 속죄에서 중요한 역할을 하고 있다고 보고 있다.[7] 슈바거가 하고 있는 이 말의 의미는 복음서에 잘 나타나 있다. 복음서는 예수를, 근거 없는 비난을 제공해주는 그 맹렬한 전염 때문에 '아무 까닭도 없이' 사람들로부터 비난받는 희생양의 하나로 표현하고 있다. 여기서 '희생양'이 지칭하고 있는 것은 그러므로 「레위기」에 나오는 제의에 쓰이는 동물 희생물이 아니고 오늘날 우리가 익숙하게 쓰고 있는 바로 그 의미의 희생양이다. 그 사람에게 모방적으로 집중 동원된 한 무리의 사람들에 의해 부당하게 피해를 받는 그 희생양 말이다.

예수는 자신의 죽음이 여호와의 종의 죽음이나, 집단 살해를 당하거나 예수 수난과 유사한 현상 속에서 고난을 받은 다른 예언자의 죽음과 비슷하리라는 것을 스스로 예언하고 있다. 하나님이 예수를 우리의 모든 죄를 갖고 가는 자, 진짜 죄인으로 삼았다고 바울이 말할 때, 그것은 표현만 다를 뿐 똑같은 내용을 말하고 있는 것이다.

이 모든 기록들이 일치하고 있는 현상을 근거로 슈바거는 다음

---

7 Raymund Schwager, *Brauchen wir einen Sundenbock?*, München, Kosel-Verlag, 1978.

과 같은 결론을 내리고 있는데, 여기에는 우리에게 절실히 필요한 내용이 들어 있다.

우리에게 익숙한 희생양이라는 메커니즘에서는 단지 불완전한 전이만 일어났다. 본질적으로 폭력은 절대 외부로 향하지 않는다. 그래서 언제나 되살아날 수 있다. 하지만 하나님의 사랑과 또 하나님과 하나가 되려는 의지를 통해, 예수의 말씀은 경건하고 학식 있는 바리새인들도 갖고 있었지만 숨기고 있던 살인의 의지와 이 지상의 온갖 원한을 백일하에 드러냈다고 모든 복음서들은 말하고 있다. 예수에게 반대하는 사람들의 동맹에서는 인간 영혼에 들어 있는 가장 어두운 세력이 드러난다. 여기서 집단적 전이는 전혀 새로운 죄악을 얻고 있다. 집단 전이는 어쩌다 희생양이 된 자에 반대하며 모여드는 군중 현상 속에서 더 실제적이고 또 더 널리 퍼져나가는 보편성을 더 많이 가졌다. 하나님에게 적개심을 갖고 있던 모든 세력들은 예수에 반대해서 모여들어서는 예수의 몸에다가 자신들의 나쁜 생각을 모조리 쏟아 부었다. 그리하여, 예수님 "그분은 우리 죄를 당신 몸에 친히 지시고 십자가에 달리신다"(「베드로의 첫번째 편지」 2:24). 일단 우리는, 희생양 메커니즘의 지혜를 통해 『신약성서』에 대해 보다 깊게 이해할 수 있을 것이라고 생각할 수 있을 것 같다. 구세주 예수라는 주장이 나올 수 있는 것도 우리의 죄와 불행을 통해서이다. 바로 여기서 구원이라는 교리로의 더 넓은 이해의 길이 열린다.[8]

내 책 중에서 슈바거의 『희생양은 필요한가?』의 내용에 해당

---

[8] Raymund Schwager, 같은 책, pp. 214~15.

되는 것은 장-미셸 우구를리엥Jean-Michel Oughourlian과 기르포르Guy Lefort와 함께한 대담집인 『세상 설립 이래 감추어져 온 것들』이다. 그들의 공동 관심사인 대부분의 주제들에서 이 두 권의 책은, 물론 언제나 똑같은 말이나 똑같은 예증을 하고 있는 것은 아니지만, 단 하나만 빼고는 모두 똑같은 논리와 그리고 방금 인용한 구절을 보여주고 있다. 그 논리가 눈에 띄었지만 그것을 채택할 수가 없었다. 지금은 아니지만 당시에는 내 마음이 편치 않았기 때문이다.

당시 슈바거의 직관은 독특하고도 정당한 것 같았다. 이제는 고인이 된 그를 기리기 위해 그가 제기했던 문제에 대해 미루어 두었던 답변을 시도해보려 한다. 그 당시에 예수를 인류를 위해 '자신을 바친' '희생양'으로 보지 못했던 것은 누구 때문이었을까? 슈바거가 내디뎠던 그 걸음을 내가 내딛지 못했던 것은 또 누구 때문이었을까?

슈바거의 생각은 온전한 신학의 틀 안에 있지만, 나의 생각은 현대 인류학을 평계로 하여 유대-기독교에 접근하고 있다. 부정적일지라도 인류학과 관련이 있다. 나는 모방이론을 무엇보다도 오늘날 세계를 지배하고 있는 상대주의의 지적 토대를 전복시킬 수단으로 보고 있다.

옛날부터 이교도 옹호자들은 복음서의 장면과 신화의 장면들의 '유사성'을 내세워 기독교의 특이성을 부정하고 있다. 어떤 신들이나 디오니소스, 오시리스, 아도니스와 같은 반(半)신들도 예수의 수난을 연상케 하는 집단 형벌을 받았다. 이런 폭력은 사회의 무질서가 절정에 달하거나 질서 자체가 아예 사라졌을 때 나타나는데, 그 뒤에는 일종의 '부활'인 그 희생양의 당당한 재등장이 이어진다. 이 희생양은 다시 질서를 세우는데 이 과정에서 그는 신성이 있는 것으로 여겨지면서 신격체로 격상된다.

19세기와 20세기 초 민족학자들은 고대 문화와 그리고 이런 문화와 유사한 성스러운 왕권 사회 체제의 거의 모든 곳에서 이런 현상이 있다는 사실을 확인하였다. 이 발견에 매력을 느낀 그들은 모두 내친걸음에 종교에 관한 세계적 이론을 세워보려고 노력하였다. 이 계획은 결국 목표에 도달하지 못했다. 요즈음 사람들은 이 계획을 두고 실현 불가능한 것일 뿐 아니라 심지어는 비난받을 만한 것으로까지 보고 있다. 여기서 우리는 정치적 제국주의, 특히 식민주의와 연관된 지식의 제국주의를 볼 수 있을 것이다.

하지만 이런 비난은 너무 과한 것 같다. 많은 민족학자들은 당시 반식민주의자들이었는데, 이런 태도는 오늘날도 그러하지만 당시에는 더 찬양받고 있었다. 그들이 반식민주의 쪽에 가담했던 것은 과학적이자 반종교적인 이중의 열정 때문이었다. 그 시대에 유행한 수많은 모험, 특히 다윈의 모험에 동기를 부여했던 것도 바로 이 열정이었다. 그들은 기독교의 특이성이라는 주장을 불식시키기 위해 기독교의 보편성을 찾아내려 했다. 그래서 그들은 당연히 종교의 유사성에 매달렸다. 그때에 비해 요즈음은 '차이'만 문제가 되고 있지만 이런 변화는 사실 겉으로만 그렇게 보이는 측면이 크다. 눈부시게 찬양받고 있는 다양성은 실은 그다지 의미가 없는 것인데 이것은 중요한 차이만 배제하고 있기 때문이다. 즉 진실과 거짓, 실제와 상상적인 것을 구분하는 차이 말이다.

종교적 상대주의는 다른 상대주의와 마찬가지로 하나의 형이상학적 확신이다. 우리가 적어도 이론적으로라도 그 어떤 것도 믿지 않는다면, 그래서 과학도 과학의 증명마저도 믿지 않는다면, 이런 상대주의는 어떻게 생겨날 수 있을까? 어떤 대답을 얻기 위해 이런 질문을 계속 던지면 상대방은 필경 신화와 기독교의 유사성을 다시 꺼내고 말 것이다. 신화와 기독교의 유사성은 너무나 많고 너무나 분명하므로 기독교가 진정으로 독특한 종교라는 가능성을 배제할 수밖에 없다고 말할 것이다.

요컨대, 차이를 지우게 되면 우리는 상대주의의 단단한 초석인, 앞서 살펴본 유사성을 만나게 된다. 그 유사성이 의미하는 바도 모르면서, 우리는 두 눈을 꼭 감은 채 유사성이 차이보다 우세하다고 믿게 된다.

유대-기독교는 과연 어떤 점에서 신화와 다른가? 니체는 이 질문에 대해 뛰어난 대답을 한 적이 있다. 유대-기독교에서는 희생양은 무고하고 집단 폭력이 유죄이다. 그에 비해 신화에서는 희생양이 유죄이고 그 사회는 언제나 무고하다.

오이디푸스는 실제로 페스트에 책임이 있기에 유죄이다. 그러므로 그를 추방한 테베 시민들은 정당했다. 고통받는 종과 예수는 무고하다. 그들의 죽음은 그래서 부당한 것이다.

니체와 현대인들은 이것을 본질적으로 하나의 '도덕적' 차이로 본다. 그들이 하고 있는 이 '도덕'이라는 말에는 멸시의 어감이 들어 있는데, 특히 니체가 더하다. 말하자면 이 철학자는 망설임 없이 유대-기독교보다는 신화의 편을 들고 있다.

니체가 보지 못하고 있는 것은, 유대-기독교의 희생양 옹호가 신화에서 볼 수 있는 희생양에 대한 비난보다 더 도덕적인 것으로 그 자신이 '노예의 도덕'이라고 부르고 있는 강자에 대한 약자의 엉큼한 앙갚음 때문이 아니라, 그것이 '진실'이기 때문이라는 사실이다. 희생자는 단지 폭력적 모방이 그렇게 지적한 희생양일 뿐이다. 그들은 그러므로 진실로 무죄이다. 유대-기독교에는 도덕과 진실의 일치가 일어나고 있지만 니체와 모든 현대인들은 이 일치를 전혀 못 보고 있다. 그들은 희생양과 그것이 가져다주는 만장일치의 효과를 제대로 인식하지 못하기 때문이다.

신화와 유대-기독교의 유사성 뒤에서 모방이론은 실제로 있는 한 과정을 찾아내고 있다. 집단 폭력에 앞서 나타나는 카오스는 모든 사람들이 빠져 있는 모방적 경쟁 관계의 결과로서 인간 공동체의 진정한 해체다. 모방은 갈수록 확대되면서 점점 전염성이 강해지는데, 이렇게 가다가 마지막에 가서는 자신이 해체한 것을 다시 만들어낸다. 실은 모방의 전염이 그렇게 만든 무질서에 책임이 있다고 여겨진 희생물, 즉 '희생양'에 대한 반대를 통해 모방은 공동체를 하나로 만든다.

모방이론은 신화에서 희생양은 왜 죄인으로 통하고 사회는 왜 무고한 자로 통하는지를 설명해준다. 여기에는 폭력의 전염에서 나온 환상이 작용하고 있다. 신화는 군중 현상에 뿌리를 두고 있는데, 실은 거기에 속고 있다. 가령 '오이디푸스' 유형의 범죄인 친부 살해, 근친상간, 수간, 페스트의 전파와 같이, 신화 도처에서 볼 수 있는 인물에 대한 터무니없는 비난에 대해서도 신화는 비판을 할 수가 없다. 신화 주인공의 이런 '과실'은 희생양을 내모는 군중들의 정신에서 나오는 과실과 너무나 흡사하다. 같은 정신 상태에서 나온 것이라고 보지 않을 수가 없을 정도이다.

신화가 희생양과 사회의 실제 관계를 뒤집어서 우리를 속이고 있는 데 비해서, 유대-기독교의 기록은 그렇게 뒤집힌 것을 다시 뒤집음으로써 지금껏 밝혀지지 않았던 진실을 다시, 아니 처음으로 바로세우고 있다. 혼자이고 힘없는 희생양과 이들을 박해하는 사회의 관계는 항상 신화의 이면에만 있었는데, 유대-기독교의 기록은 이 관계를 전면으로 내세우고 있다. 그러므로 유대-기독교의 기록은 신화가 감추고 있던 진실을 폭로하고 있다고 말할 수 있다.

희생양 옹호는 그러므로 지루한 설교 소리가 아니다. 희생양의 진실을 주장함으로써 유대-기독교는 신화 체계 전체를 뒤흔드는데, 그것은 여기서 폭로된 거짓이 실은 인류 문화에서 아주 중요한 역할을 하고 있기 때문이다. 희생양의 죗값을 덜어주고 있는 신화는 물론 있다. 하지만 희생양을 박해하는 그 사회를 비난하고 있는 신화는 하나도 없다.

신화와 유대-기독교가 왜 이렇게도 닮았을까? 그 대답은, 이것들이 모두 같은 유형의 위기, 즉 가짜 '진짜 죄인'을 만들어내는 똑같은 장치와 대면하고 있었기 때문이다. 그런데 유대-기독교와 신화는 왜 유사점보다 차이점이 더 많을까? 그 대답은, 이 시련에 대해 유대-기독교가 신화와 다르게 반응했기 때문이다.

신화에서는 가짜 '진짜 죄인'을 만들어내는 장치가 거역할 수 없을 정도로 아주 효과적으로 작동하고 있어 어떠한 반대도 소멸되고 만다. 신화가 진실인 양 표현하고 있는 것이 바로 이 장치의 결과들이다.

이 장치는 유대-기독교에서도 작동한다. 하지만 갈수록 그 작동 성능이 안 좋아지다가 마침내 『구약』과 『신약』에 이르면 너무나도 작동이 잘 안 되다 보니 희생양과 그 희생양을 만들어내는 메커니즘의 진실이 전부 다 폭로되고 만다.

성서의 우월성을 그 민족이나 인종 등을 통해 규정해서는 안 된다. 여기에 자민족 중심적인 것은 하나도 들어 있지 않다. 대체적으로 말해서, 유대나 기독교 사회라고 해서 신화적인 사회보다 폭력의 전염에 더 잘 저항한 것은 아니다. 거기에 저항한 것은 그중의 소수일 뿐이며, 희생양에 반대해서 모여든 군중은 신화처럼 만장일치 정도는 아니고 단지 다수였을 뿐이다. 만약 그때 폭력의 전염에 빠져드는 사람이 저항하는 사람보다 많지 않았다면, 지금 우리가 명예를 회복시켜주어야 할 희생양도 없을 것이다.

이 폭로는 그러므로 이중적인 의미에서 참 '특이하다.' 이 폭로는 우선 어떤 특이한 전통의 사건이다. 하지만 그 전통 안에서 보자면 이 폭로는—나머지 다수는 실제 역사의 현장을 능가하기에는 너무 무기력하고—소수지만 성서 기록과 위대한 교회 전통을 주도할 만큼 영향력을 갖고 있던 저항자들 속에서만 진정으로 살아 있는 것이기 때문이다.

이런 사실들을 통해서 우리는 폭력적 만장일치의 카타르시스 효과 때문에 신화의 결말부가 항상 조화롭고 '건설적인' 것과는 달리 유대-기독교 기록에서의 집단 폭력은 왜 항상 복음에 강조하고 있는 것처럼 불화로 끝나고 있는지, 그 이유를 알 수 있을 것이다. 『공관복음』 속에서 예수는 자신은 평화가 아니라 분쟁을 주러 왔다고 말하고 있다. 요한은 또 예수가 개입하는 곳마다 분쟁을 일으키고 있다는 것을 보여주고 있다. 이처럼 진실의 등장은 사회 조화를 파괴하고 있는데, 그것은 이 조화가 폭력적 만장일치라는 거짓에 기반을 두고 있기 때문이다.

모방이론은 유대-기독교가 신화가 아님을 보여주고 있다. 유대-기독교는 집단 폭력을 이야기한다는 점에서는 신화와 닮았다. 하지만 그 해석에 있어서는 근본적으로 다르다. 신화가 집단 폭력의 수동적인 반영이라면, 유대-기독교는 희생양과 모방적이고 폭력적인 군중을 만들어내는 집단 장치에 대한 적극적인 폭로다.

유대-기독교에는 신화에는 빠져 있는 진실이 들어 있을 뿐 아니라, 그 진실을 담고 있다는 것 또한 그것만이 알고 있다. 유대-기독교가 이 진실을 그들만 갖고 있다고 주장하는 것은 자기중심적인 어리석음이나 타종교와의 경쟁심에서 그러는 것이 아니다. 이런 점에서, '어떤 종교도 유대-기독교만큼 희생양을 옹호하지 않고 있다'는 니체의 말은 옳았다. 여기서 니체는 물론 어떤 열등감을 보았지만, 우리는 순전히 인류학적인 측면에서 자신의 고유 분야에 대한 종교적 상대주의를 반박하고 있는 유대-기독교의 우월감을 알아볼 수 있다. 기독교에서 이런 우월감이 종교적인 면과 무관한 것이라고 생각할 수는 없을 것이다.

신화와 유대-기독교가 유사하다는 것은 예전 민족학자들의 기대대로 사실이다. 하지만 그 결과는 그들이 갖고 있던 반기독교주의의 기대와는 다르다. 만약 유대-기독교가 신화와 덜 닮았다면, 지금과 같이 신화와 차이가 날 수가 없을 것이다. 그랬다면 유대-기독교는 대사제관 마당에서 베드로가 겪었던 사회 순응주의의 압력이라는 인간의 기본적 유혹을 벗어날 수 있었을 것이다. 그리고 신화와 함께 치른 시험에서 결국 신화에게 지고 말았을 것이다.

예전의 민족학자들이 종교를 체계화하려 했던 것은 잘못된 방향이 아니었다. 하지만 그들은 기독교에 대한 반감 때문에 그들이 취하는 방법이 과연 무엇을 의미하는지를 볼 수가 없었다. 유대-기독교를 신화로 축소시키려 했던 것이다. 말하자면 그들은 어둠으로 빛을 설명하려 했는데, 예상대로 결국에는 모든 것을 다 흐려놓았다. 그들이 처음에 기도했던 그 계획을 성공적으로 이루기 위해서는 그 역방향으로 해야 했다. 희생양 현상에 대한 유대-기독교의 이해로부터 신화를 해석해야 한다는 말이다.

　일단 신화에서 희생양의 역할을 알고 나면 고대 종교에 대한 합리적인 설명도 쉽게 나올 수 있다. 위기에 오랫동안 시달리던 공동체가 갑자기 거기서 벗어나게 되면 그 해방을 자신의 공적으로 간주하지 못하고 어떤 기적의 탓으로 돌리게 된다. 그 기적의 원인을 찾던 공동체는 결국에는 그들의 희생양에게로 눈길을 돌린다. 이 이상한 존재는, 살아생전에는 사회에 무질서와 죽음을 퍼뜨리다가 일단 죽고 난 뒤에는 사회를 되살리고 있는 것이 아닌가. 이 사람의 능력은 선이든 악이든 인간의 모든 유한성을 초월하고 있는 것처럼 보인다. 고대의 신들은 이처럼 모두 사후에 축성된 희생양들이다.
　그들의 무고함을 폭로함으로써 『구약성서』는 희생양을 탈신성화하고 있다. 분명히 드러나고 있는 것은 신화 단계에서 막 벗어난 『구약성서』를 가득 채우고 있는 인물들은 요셉, 욥, 예언자들과 같이 온갖 종류의 복권된 희생양이라는 것이다.
　이 탈신성화의 측면에서 보자면 기독교는 당연히 문제가 있는 것으로 보인다. 기독교인에게 있어 예수는 수난, 즉 하나의 희생양 현상을 통해서 인류를 구원하신 분이다. 여기에는 과거의 회고는 없을까? 그리스도는 신성하게 된 희생양이 아닐까? 사람들이 기독교를 유대교와 이슬람교와 같은 엄격한 일신교와 비교하게 되면서 기독교가 비판받고 있는 부분도 바로 이 과거로의 퇴행 부분이다.
　이 글의 맨 앞에서 인용했던 슈바거의 글에 답하지 못하고 망설이고 있었던 것도, 이와 같은 기독교에 대한 무거운 비판과 그리고 이 비판에 응답하고 싶은 내 마음 때문이었다. 모방 논리를 끝까지 따라가면 고대의 성스러움에 대한 정의와 유사한 정의들을 만나게 되는데 그 둘의 정의가 너무나도 유사하여, 모방이론이 여러 가지 이유로 망설이고 있던 생각에 박차를 가하지 않을 수가 없다. 그 생각은 바로 기독교와 신화의 동일시이다.

사실, 방금 언급한 연구는 그리스도의 신성을 희생양의 신격화로 환원시킬 수 없다는 것을 보여주고 있다. 이렇게 되려면 남 보기에도 정말로 유죄인 다른 희생양들이 여러 명 있어야 한다. 그들의 무고함이 알려지면 그들은 더 이상 자신에게로 폭력을 끌어 모으지 못하고 그래서 자신들을 도움을 받을 만한 사람으로 만드는 힘도 잃게 될 것이다.

만약 그리스도의 신성이 폭력에 의한 신격화에서 나온다면, 그의 부활을 증언하는 사람은 과거에 그의 무고함을 주장했던 소수의 사람들이 아니라 그의 죽음을 요구했던 군중들이어야 할 것이다. 그리고 그리스도의 평화는 "세상이 준 것과 같은 평화"이고 희생양의 평화이지, "인간 오성을 능가하는" 평화는 아닐 것이다. 하나님 왕국은 이 세상의 것이 아니다. 지상의 시각에서 보면, 복음서는 단지 폭력적 만장일치의 붕괴가 가져온 분리와 불일치만을 약속하고 있을 뿐이다.

기독교가 그리스도의 신성과 같이 중요한 지점에서 다시 신화로 돌아간다면 이 과실은 오점이 되어 『신약』 전체에 히브리어 『구약』에 비해 퇴조했다는 특징을 부여하게 될 것이다. 하지만 『신약』은 그 반대로 다른 데서는 폭로되지 않았던 것을 폭로하면서 탈신성화 과정을 완수하고 있다. 『신약』이 폭로하고 있는 것은, 희생양의 모방적 기원과 인간 문화에 대한 희생양의 설립자 역할이다.

속세에서 보면 예수 수난은 인류 문화를 지배하고 있는 과정인 희생양 메커니즘의 여러 예들 중의 한 예에 불과하다. 그러나 성서 전체에서 보면, 이것은 복음서가 '이 지상의 권능'이라 부르고 있는 모든 인류 문화의 설립 과정을 가장 잘 알려줄 수 있는, 가장 완벽하게 탈신화한 예이다.

항상 다시 시작되는 이 과정은 세상 설립 때부터 시작되어 예수의 수난에 이르기까지 죽 이어져온 기나긴 살인의 계보와 같다. 이 주제는 '처음부터의 살인자 악마'라는 「요한복음」 구절과 비교해보아야 한다.⁹ 사탄이 무질서만이 아니라 질서의 원칙인 것은, 그가 주재하는 모방적 폭력이 희생양 메커니즘 속에서 해결되기 때문이다. 게다가 사탄은 바로 이 때문에 십자가에게 자신의 주된 수단을 빼앗기면서 속고 만다. 사탄은 자기 권능의 비결이 예수 수난의 진정한 이야기, 즉 하나님의 성령에 의해 폭로되면서 효력도 없어지게 된 것을 너무 늦게 알아챘던 것이다. 사도들은 이 성령의 도움을 받아 이 진실을 공표할 용기를 얻는다. 알다시피, 성령을 칭하는 명사 파라클레는 희생양의 옹호자를 의미하는 말이다.

이 모든 것을 슈바거는 지금 파악하고 있다. 『세상 설립 이래 감추어져온 것들』을 쓰고 있던 시절에 나도 파악하고 있었지만, 나로서는 충분하지 않았다. 당시 나는 모방이론의 가장 큰 장점이 종교적 상대주의에 대항해서 그 상대주의의 약점을 부각시키면서 기독교를 옹호할 수 있는 가능성이라고 생각하고 있었다. 그래서 나는 더 분명한 어떤 것을 바랐던 것 같다. 어떤 '징조'를 찾고 있었다. 그리스도의 수난과 관련해서 특히 마음에 거슬렸던 것은 '희생'이라는 표현을 사용하는 것이었다. 왜냐하면 이 말은

---

9 「요한복음」 8:44(옮긴이).

고대 종교의 제의적인 것을 이미 지칭하고 있었기 때문이다.

나로서는, 예수 수난을 '희생'으로 보는 전통적인 정의가 기독교를 고대 종교와 동일시하려는 사람들에게 좋은 논거를 제공해 주는 것처럼 보였다. 물론 나는 오랫동안 이런 동일시를 거부하고 있었다.

고대 종교에서 희생은 무엇일까? 그것은 애초의 희생양을 다른 희생물로 대체함으로써 만장일치적 폭력이 갖고 있는 화해 효과를 부활시키려는 노력이다.

그렇다면 그리스도의 희생은 무엇일까? 이를 이해하기 위해서는 처음부터, 즉 예수가 제안했던 폭력을 피하는 방법에서부터 출발해야 한다. 그는 모방적 경쟁 관계를 중단할 것을 명한다. 우리 이웃이 우리에게 과도한 요구를 하거나 혹은 그렇게 보일 때는 언제나, 나도 그 사람에게 똑같이 행하지 말고 그 대신에 그 잠재적인 경쟁자에게 그 분쟁의 대상물을 넘겨주어서, 희생양으로까지 이어질 수도 있는 폭력의 상승 작용이 시작되는 것을 피해야 한다는 것이다.

이것은 왕국의 독특한 규칙이다. 이 세상에서 예수는 끝까지 이 규칙을 지키지만 정작 이 세상은 이것에 대해 관심도 없다. 그는 세상 사람 전부와 홀로 대적한다. 인간의 폭력은 자신을 널리 알리는 자를 적대시하는 법이다. 예수의 말은 희생양이 그 설립자이자 지휘자라는 인간 문화의 감추어진 진실을 갈수록 점점 더 많이 드러낸다. 예수는 자신의 임무를 완수하는 것 자체 때문에 죽을 수밖에 없었다. 자신이 죽음을 원한 것은 절대 아니다. 다만 이 세상과 희생양의 법을 따르지 않고서는 그것을 피할 수 없었기 때문이다.

명확하게 살펴본 이런 그리스도의 희생과 고대의 희생 사이의 거리는 상상할 수 없을 정도로 아주 멀다. 인간은 자신의 폭력으로부터 피해를 입지 않기 위해 그 폭력을 무고한 자에게 행사한다. 그러나 그리스도는 정반대로 행한다. 그는 어떤 저항도 제공해주지 않는다. 예수가 희생에 몸을 내맡긴 것은 희생을 즐기려는 것이 아니라, 내 생각에는 모방이론에서 암시받았을 방법으로, 희생을 종식시키려고 그런 것이다. 자기 죽음의 공개를 통해 희생의 지배력을 폭로함으로써 예수는 희생의 압력을 느슨하게 풀어버려 마침내는 비밀로 감추어져 있어야 효력이 있는 그 메커니즘의 힘을 약화시킨다.

모방이론은 고대의 희생과 흔히 그리스도의 희생이라 부르고 있는 것 사이의 근본적인 대립을 잘 보여주고 있다. 그러나 고집스럽게도 희생을, 예컨대 신에 대한 '봉헌'이니 '증여'니 하는 말로 정의함으로써, 현대 문화가 못 보고 있는 것이 바로 이 대립이다. 다소 위선적인 이런 주장은 폭력을 완전히 감추어서 그것을, 언제나 부재하는 신이라는 수취인에게 증여자들이 직접 줄 수는 없는 선물인, 희생양을 이용하려고 주도면밀하게 만들어낸 하나의 뛰어난 과정이라고 축소시킬 수 있게 한다.

이런 쓸데없는 형식주의에서 벗어나려면 성서의 사실주의, 특히 솔로몬의 재판에 나오는 사실주의에 의지할 필요가 있다. 희생에 대한 나의 생각은 오래전부터 이 기록에서 나온 것이 많다. 이 기록에는 생각할 거리가 정말 많이 들어 있다. 『구약』에는 어린이의 희생을 암시하는 대목이 아주 많이 나온다. 그러므로 나는 그런 시각에서만 그 재능이 드러나는 이야기에서 어린이의 희생을 못 볼 이유가 없다고 생각한다.

한 어린아이를 두고 다투는 두 창녀의 분쟁을 해소하기 위해 솔로몬은 칼로 그 아이를 갈라 반쪽씩 나누어주라고 명한다. 경쟁자에게 아이를 양보함으로써 그 착한 창녀는 모방적 경쟁 관계를 끝낸다. 이때 그녀가 취한 것은 상대방이 이미 동의한, 솔로몬이 제시한 그 끔찍한 방법이 아니고 사랑이다. 그녀는 경쟁 대상을 포기함으로써 그리스도가 명한 것을 행하고 있다. 내친걸음에 그녀는 이 단념을 더 멀리 밀고 나가는데, 어머니에게 가장 소중한 자신의 아이까지 포기했기 때문이다. 인류가 폭력적인 희생이 없는 곳에서 살 수 있게 하기 위해 죽는 예수 그리스도처럼 이 착한 창녀는 자신의 모성애를 희생하는데, 그것은 "그 아이를 살리기 위해서"이다.[10]

여기서 착한 창녀와 나쁜 창녀를 가르고 있는 깊은 심연을 알아보지 못하는 것은, 이 둘을 다 같이 '희생'이라는 말로 표현함으로써 이 차이를 없애는 것과 같다. 바로 이런 점이 나는 마음에 들지 않았다. 그래서 나는 솔로몬이 제안한 그 해결책, 그리고 착한 창녀의 행동과는 거리가 한참 먼 그런 유형의 희생에게만 '희생'이라는 표현을 사용하기로 오랫동안 마음먹고 있었다.

이 결심을 정당화하기 위해 나는 복음서에서 예수가 거듭해서 하던 것과 같이 희생에 대한 예언적인 비판을 계속해왔다. 그래서 나는 인간 폭력을 감추고 있는 모든 주장에 비해 유일하게 진실된 '비희생적인 기독교'라고 말해왔던 것이다. 인간 폭력을 감추고 있는 주장들이란 명시적이든 암묵적이든 간에 기독교의 가르침과 거리가 먼 종교나 철학 그리고 그런 사고방식들이다.

이렇게 말하면서도 나는 당시 잘 모르고 있던 정통 신학의 입장에 전혀 위배되지 않으려고 노력했다. 나는 오직 '희생'이라는 말의 양가성에서 나오는 모호성을 비기독교인들에게서 걷어내기

---

10 René Girard, "Sacrifice in Levensons's Work," *Dialog* 34, hiver 1994, pp. 61~62.

를 바라고 있었는데, 지금은 기독교인들에게서 걷어내기를 바라고 있다.

내가 보기에 이런 배려는 합당한 것 같다. 그렇다고 이것을 '절대화'하면 안 된다. 신화적 종교와 기독교라는 종교의 두 가지 유형을 잘 구분하기 위해 나는 상징적으로 제시할 수 있는, 가능한 한 가장 잘 드러나고 가장 명확한 차이를 찾고 있었다.

당시 나는 두 번 잘못을 범하고 있었다. 첫번째 잘못은 내가 당시에 바라고 있던 그런 구분은, 방금 살펴보았듯이, 정말로 없어서는 안 될 그런 것이 아니었기 때문이다. 그리고 두번째 잘못은 두 가지 유형의 희생을 하나의 용어로 부르는 것이 당시에는 잘못된 것으로 보였지만, 지금 와서 생각해보니 실은 본질적인 어떤 것, 즉 인류 역사에 존재하던 모든 종교의 역설적인 통일성을 암시하고 있는 것 같기 때문이다.

희생이라는 말에 방금 살펴본 양 극단이 모두 들어 있을 때, 희생이라는 말의 긍정적 가치를 인정하는 것이 양 극단의 거리를 축소하는 것도 아니며, 가령 희생적 봉헌이라는 생각에 근거한 만병통치약과 같은 기교를 동원하여 물 타기를 하는 것도 아니다. 오히려 반대로 이 극단을 가르고 있는 깊이 모를 심연을 온전히 자각할 필요가 있는데, 모방이론이 이 일을 도와줄 것이다. 양 극단 사이가 멀면 멀수록 이것들이 똑같은 말로 지칭된다는 통일성은 역설적이게도, 대립 이상의 것을 더 많이 암시하고 있다.

이런 점에서 솔로몬의 재판은 대립 이상을 암시하고 있다. 이 이야기가 두 희생의 거리를 축소하고 있다고 비난할 수는 없다. 하지만 이들을 구분하고 있는 것이 무엇인지를 알기 위해서는 이들을 비교해야 한다. 이 비교를 통해서 우리는, 첫번째 여인이 경쟁에서 아이를 희생하는 것을 받아들이는 반면 두번째 여인은 자기 아이를 위해서 경쟁을 희생했다고 말할 수 있을 텐데, 이 말은 정말 옳은 말이다.

이 이야기가 말하고 있는 것은 무엇일까? 그것은 타인을 향한 폭력, 즉 타인 희생인 첫번째 방식의 희생을 단념할 때에는 필히 자신의 친구를 위해 죽는 그리스도의 희생과 같은 두번째 방식의 희생을 수용한다는 것을 말해주고 있다. 이것들이 희생이라는 똑같은 말로 불린다는 것은, 폭력과는 완전히 무관한 중립적인 곳이 있다는 환상이나, 별로 수고도 하지 않고 진리를 영원히 독식하거나 심지어는 프랑수아 라가르드가 잘 지적하듯이 "인문학을 기독교화"하기 위해 현자들이나 학식이 높은 자들이 영원히 독차지하고 있는 희생적이지 않은 연구의 지위라는 환상에서 벗어나게 한다.[11]

하나님은 피해를 입으면서도 그것을 전복시키기 위해 스스로 희생양 구조를 다시 사용한다. 이 비극에는 아이러니가 들어 있다. 여기에 내포된 뜻이 너무 많다 보니 우리는 그 대부분을 알지 못한 채 지나치고 있다. 이 아이러니는 한쪽의 폭력과 다른 쪽의 사랑이 기이한 거울 효과를 내고 있는 두 희생의 상동성에서 부분적으로 기인하고 있다. 그런데 이 사랑은 우리의 머리와 표현 능력을 능가하고 있다.

신이 희생양을 다시 사용했다는 것은 인류 종교의 동일성을 확인해주고 있다. 이 동일성은 아마도 첫번째 희생에서 두번째 희생으로 넘어가는 느린 변화로 볼 수 있을 것 같다. 그런데 두번째 희생은 그리스도를 논외로 하고서는 제대로 이해하기가 힘들 것 같다. 인류 기원의 폭력과 기독교의 속죄 구조 사이에는 유

---

11 François Lagarde, *René Girard ou la christianisation des sciences humaines*, New York, Peter Lang, 1994.

대-기독교의 탈신성화라는 중간 단계에서는 통용되지 않는 대칭이 존재한다. 상징적인 차원이긴 하지만, 이 중간 단계의 시각에는 어리둥절할 수밖에 없는 고대 종교로의 회귀 같은 것이 있다. 그렇다고 신성화된 희생양의 고대주의로 되돌아갔다고 보아서는 안 된다. 이 둘이 닮은 것은 폭력이 그리스도를 모방하기 때문이지, 그 역은 아니다. 사정이 이렇게 된 데는 또 다른 이유도 있는데 그것은 테드 피터가 암시하였듯이, 특히 신의 개입은 미묘한 극단이기 때문이다.[12] 그리스도는 이런 식으로, 인간의 자유에 결코 피해를 주지 않으면서 또 자신의 가르침이 결코 구속이 되지 않도록 하면서, 인류를 하나님의 진리로 인도하고 있는 것이다.

그리스도는 스스로 또 다른 신성화된 희생양이 되지 않고, 그 앞에 있었던 희생양들을 탈신성화하고 또 후에 올 희생양을 신성화하는 것을 막기 위해 자기 스스로 희생양이 된다. 예수는 자신과 같은 선한 신을 드러냄과 동시에, 엄청나지만 그렇다고 피할 수가 없었던 과오에 오랫동안 빠져 있었던 인간, 이 또한 그 자신이기도 한 인간을 폭로하고 있다. 이때의 예수는 단지 자신의 역할에 대한 해설자인 셈이다. 인간이 빠져 있던 이 과오는 순전히 인간적인 폭력 속에 신을 끌어들였다는 것도 들어 있다. 그리스도와 그의 아버지와 성령, 이 셋은 그러므로 "하나님은 사랑이다"라는 요한의 정의에 일치하는 단 하나의 신이다.

신에는 근본적으로는 서로 차이가 나지만 형식적으로 보자면 닮은 두 가지 유형의 신이 있다. 고대의 신은 희생양의 효력에서 직접 나오고, 기독교의 신은 역설적이게도, 가짜 신이 무너지는 희생양의 효력 상실로부터 간접적으로 나오고 있다.

---

12 Ted Peter, "Issac, Jesus and Divine Sacrifice," *Dialog* 34, hiver 1994, pp. 52~56.

지상의 종교가 갖고 있는 부분적이고 지상적이며 일시적이고 부당한 희생양은, 슈바거가 말하고 있듯이, 완전히 인간적인 동시에 완전히 신적인 완벽한 희생양과 대립된다. 일시적이고 제한된 효력을 가진 모든 불완전한 희생은 다른 희생을 모두 종식시키는 완전한 희생과 정반대이다.

『세상 설립 이래 감추어져온 것들』에서 개진되었던 생각 중에서 어떤 것들은 바로 앞의 내용과 같은 방향으로 전개되고 있지만, 특히 그것 역시 그때부터 부당하게 여겨졌던 「히브리인에게 보낸 편지」에 대한 비판을 비롯한 또 다른 것들은 그 방향이 달랐다. 이리하여 나는 내 책에 들어 있던 나의 망설임과 완벽하지 못한 면을 찾아낼 수 있었다. 그래서 나는 슈바거의 단호한 태도를 더 높이 평가한다.

제 2부

신화의 이면

Celui par qui le scandale arrive

* 이 대담은 르네 지라르와 마리아 스텔라 바르베리가 2000년 10월과 11월, 프랑스 파리와 아장에서 두 차례에 걸쳐 나눈 대화를 정리한 것이다. 마리아 스텔라 바르베리는 이탈리아 메시나 대학교 정치학과 교수이며, '지라르 세계학회'의 학술지인 『*Contagion*』 편집이사를 맡고 있다(옮긴이).

제4장 마리아 스텔라 바르베리와의 대담

1. 『나는 사탄이 번개처럼 떨어지는 것을 본다』: 나선형 구조

마리아 스텔라 바르베리: 『나는 사탄이 번개처럼 떨어지는 것을 본다』에서 선생님은 모방이론의 기원이 된 복음서에 대한 새로운 해석을 제안하고 계십니다. 이 책이 나오면서 있었던 토론회 이후 선생님의 새로운 신학적 해석이 많이 이해되었다고 생각하시는지요?

르네 지라르: 복음서에다가 『구약성서』도 덧붙여야겠군요. 왜냐하면 이 책은 경쟁적인 모방 욕망을 금하는 것이 그 내용인 열 번째 십계명에 대한 해석으로부터 시작하고 있으니까요. 이처럼 십계명에는 이 금기가 이미 들어 있습니다.

그 책의 수용에 관해 말하면서 모든 비평에 대해 일일이 따지고 싶은 마음은 없습니다만, 본질적인 것은 전달이 된 것 같습니다. 가령 모방이론이 『구약』이나 복음서에서 나왔다는 사실 같은 것 말입니다.

『구약』과 복음서에서 모방이론이 나온다는 것을 의식했을 때부터 저는 『낭만적 거짓과 소설적 진실』에서 그랬던 것처럼 하나의 독립적인 이론을 세우겠다는 마음을 더 이상 먹지 않았습니다.

『폭력과 성스러움』의 4장에서 처음으로 모방이론에 접근했던 것처럼, 저는 지금도 이 이론을 제가 만든 이론으로 보고 있습니다.

『나는 사탄이 번개처럼 떨어지는 것을 본다』에서 그랬던 것처럼, 곧바로 복음서에서 시작하여 거기에 모방이론이 들어 있다는 것을 증명하다 보면 구성상의 문제점이 제기됩니다. 사실, 역사적 연대기의 순서는 이해의 순서와 정반대입니다. 복음서가 자신의 폭로 이전에 일어난 일을 설명할 수 있다는 것은 그대로 받아들이기가 쉽지 않습니다. 오히려 거기에서 시기적으로는 그 뒤에 오는 것에 대한 일종의 열쇠를 보려는 경향이 있습니다.

인류 집단에 살해와 파괴의 폭력 위기를 낳는 모방 욕망의 증가로 인한 인류의 변화로부터 역사적 연대기는 시작되어야 할 겁니다. 이 폭력은 모든 고대 문화의 기원에 있던 집단적 화해 현상인 희생양의 지목과 그 추방을 통하여 분출됩니다. 연대기의 순서는 유대교와 기독교와 함께 계속됩니다. 그러므로 복음서는 연대기적인 시각에서 보면 마지막에 오는 것인 동시에 이해의 순서에서 보면 처음에 오는 것입니다. 사실, 복음서들은 무고한 그리스도의 죽음을 폭로함과 동시에 그 이전의 것, 즉 희생양을 지목하여 추방하는 메커니즘과 이와 같이 살인에까지 이르는 모방의 역동성을 폭로하고 있습니다.

제가 최근에 낸 그 책의 계획은 처음부터 그런 것을 설명하는 것이었어야 한다고 생각합니다. 그렇지만 단번에 그런 설명을 한다는 것은 그 뒤에 오는 전개 상황도 이미 알고 있어야 함을 전제로 하는 것이었습니다. 모든 것은 복음서에서 시작하고 복음서에서 끝납니다. 우리 생각에 가장 중요한 것인 모방이론의 지식이 사실은 복음서에서 나오고 있다는 것을 입증하기 위해, 이제부터 복음서에서 출발하여 어떻게 연속적인 증명을 만들어나갈 수 있을까요?

우리는 이제 알파부터 오메가까지 갔다가 돌아와야 할 필요가 있습니다. 이처럼 끊임없는 왕복 운동은 우리의 여정이 달팽이 모양의 나선형을 취하도록 합니다. 그래서 독자들에게는 다소 당황스럽고 난해한 것으로 비칠 우려도 있습니다.

바르베리: 선생님은 그러면 선생님을 이해하지 못한 독자들을 이해하신다는 말씀이신가요?

지라르: 물론입니다. 저는 독자들이 이해했기를 바랍니다. 하지만 힘든 것은 제가 취하고 있는 방식의 과학적 성격을 입증하는 것이었습니다. 여기서 '과학적'이라는 말은 복음서에 대한 해석을 두고 하는 말이 아니라, 복음서의 신화 해석을 두고 하는 말입니다. 복음서는 신화를 '해독합니다.' 그것을 입증하는 것은, 그러나 연대기의 문제를 제기합니다. 독자들은 사건들이 연대기적 순서에 따라 자신에게 제시되기를, 그러므로 고대부터 시작되기를 기대하고 있습니다.

바르베리: 그렇지만 선생님이 쓰신 책들의 주제는 변함없이 모방적 폭력에 기대고 있는 것 같은데요. 그래서 이 모방적 폭력의 이해에서 진전을 하기 위해서는 앞선 저서로 항상 되돌아갈 필요가 있는 것 같습니다.

지라르: 정확한 지적입니다. 그뿐 아니라 저는 그 책을 하나의 스릴러물처럼 접근할 필요도 있다고 생각합니다. 모든 데이터들이 처음에 제공됩니다만 그 의미를 분명히 알려면 끝까지 읽어야 할 겁니다.

바르베리: 이렇게 해서 선생님께서는 스캔들론의 분석에서 사탄으로, 그리고 사탄에서 십자가의 승리에 이르는 선생님 글쓰기의 타원 구조를 확인해주고 계십니다. 선생님께서는 복음서의

신화 해석이 기대고 있는 실제의 데이터를 제시하면서 책을 시작하고 있습니다.

지라르: 네, 그렇습니다. 예컨대 복음서는 신화의 많은 인물들이 불구자, 병자, 장애자들이라는 사실을 설명해주고 있습니다. 이렇듯 복음서는 신화의 발생 구조뿐 아니라 오늘날의 대학과 학문은 한 번도 깨닫지 못한 다른 현상에 대해서도 그 의미를 부여하고 있습니다. 이미 「제2 이사야서」에는 하나님의 종을 두고 "늠름한 풍채도, 멋진 모습도 없고 (……) 사람들에게 멸시를 당하고 퇴박을 받는 그는 사람들이 얼굴을 가리고 피해 가는 사람들과 같았다"(「이사야서」 53:2~3)라고 말하는 구절이 나옵니다. 희생양의 특징을 부여해주고 있는 이 구절은 신화에 나오는 많은 인물들에게도 그대로 쓰일 수 있습니다. '종의 노래'에서 이 예언자는 솔직하게 전형적인 희생양으로 표현되어 있는데, 그는 박해를 받고 있습니다. 그런데 박해를 받는 이유는 그가 예언자이기 때문만이 아니라 모두가……

바르베리: 얼굴을 가리고 피하는 그런 사람들 때문인가요?

지라르: 네, 맞습니다. 그뿐 아니라, 이런 신체적 특징은 그리스도에 관한 정통 영성신학에서도 다시 나오고 있습니다. '종의 노래'는 「욥기」와 같이 정말 거대한 시편입니다. 이것들은 신화의 시각을 전복시키면서 희생양에게 말을 함으로써 희생양 메커니즘을 뒤집어놓고 있습니다. 최근 책에서 저는 '모피 옷'이라는 비유를 사용하였는데, 이것은 털이 가진 멋진 측면이나 매끈하고 윤이 나는 면을 보여주려 한 것이 아니라 피가 흐르는 희생양 동물의 벗겨진 가죽을 보여주려 한 것이었습니다.

바르베리: 선생님은 또 장갑을 뒤집는다는 비유도 쓰셨는데요.[13]

지라르: 네, 『구약』의 위대한 기록들은 이렇게 사물을 뒤집고

있습니다.

바르베리: 『구약』의 기록들은 희생양에 대한 일종의 '에피스테메'¹⁴를 발견했던 것인가요.

지라르: 니체가 그것을 잘 보았습니다. 희생양에 대한 이 에피스테메야말로 수적 열세에 처해 있던 사도들을 지탱해주는 것이었기 때문입니다. 그렇지만 그는 그것이 진실인지는 알지 못했습니다. 신화 이야기에서 군중의 여론이 소수의 이단자의 비판을 받는 일은 거의 없습니다. 그와는 달리 「시편」에는 아무 이유도 없이 군중에게 쫓기고 있는 화자를 묘사하는 구절이 많이 나옵니다.

바르베리: 특히 『적그리스도』에서 니체는 소수의 입장을 정신분석학적인 용어로 번역하고 있잖습니까……

지라르: 그렇습니다. 그러나 그는 신화를 존중하고 있습니다. 소수 입장을 다른 말로 옮기는 노력을 한 것 이상으로 말입니다. 여기서 우리는 하나의 설명을 보아야 합니다. 여기에는 희생양의 입장을 취하느냐 아니면 그 희생양에게 린치를 가한 사람들의 입장을 취하느냐 하는, 두 가지 해결책이 있을 수 있습니다. 그런데 니체는 그것이 마치 소수자, 즉 엘리트의 입장인 양, 린치를 가한 사람들의 입장을 취하고 있습니다. 이건 정말 말이 안 됩니다. 린치는 언제나 아주 수많은 군중이 행하는 짓입니다. 바로 여기서 복음서의 결정적인 독창성이 잘 드러나고 있습니다. 복음서는 희생양에게 린치를 가하는 군중을 따르지 않을 뿐만 아니라, 열한 명의 사도들을 통해 고집스런 소수자의 중요성도 강

---

13 한국어판에서는 '버선목처럼 완전히 뒤집혀서'라고, 장갑이 버선목으로 되어 있다. 『나는 사탄이 번개처럼 떨어지는 것을 본다』, 문학과지성사, 2004, p. 190(옮긴이).
14 episteme. 학문적 지식의 총체(옮긴이).

조하고 있습니다. 우리는 이 소수자들에 대해 그 이름과 얼굴까지도 잘 알고 있는 것 같은 인상을 갖고 있습니다. 『구약성서』에 대해 복음서가 이런 점에서 기여한 것은, 진실한 증인인 소수자의 존재를 분명히 드러냈다는 점에 있습니다. 가령 「욥기」를 쓰려면 '욥의 친구'와 같지 않은 사람이 있어야 합니다. 하지만 여기에는 소수자의 흔적이 나타나 있지 않습니다.

바르베리: 니체 이야기는 조금 있다 다시 하기로 하고요, 지금은 최근의 선생님 책 제목에 쓰인 『성경』 구절의 의미에 대해 여쭈어볼까 합니다. 한마디로 『나는 사탄이 번개처럼 떨어지는 것을 본다』라는 제목은 아주 낙관적인 것 같습니다. 선생님께서 '사탄이 번개를 맞아 힘을 못 쓴다'는 사실을 의미하시는 것 같은데……

지라르: 사탄은 당연히 소멸하지 않습니다. 그는 떨어져서 땅에 머물고 있습니다. 다른 말로 하면, 예전의 사탄은 초월적인 천상의 힘이었습니다. 그러나 땅에 떨어진 지금은 이제 더 이상 질서의 원천이 아니고 대신 무질서의 원천일 뿐입니다. 사탄이 죽었다는 기록은 없습니다. 그 반대로, 땅에 추락했기 때문에 사탄은 인간과 훨씬 더 가까워졌습니다. 「누가복음」의 그 구절을 우리는 이렇게 해석할 수 있습니다(「누가복음」 10:18).

바르베리: 방금 말씀하신 그 복음 구절은 이 세상에서 사탄은 폭력의 초월적인 근원처럼 행동하고 있으며, 사탄이 폭력의 문화적 형태라는 것을 암시하고 있습니다. 그렇다면 사탄의 싸움을 단순히 인간 폭력에 대한 상징적인 표현으로 이해해야 하는 것인가요?

지라르: 복음서에서 사탄을 가장 잘 설명하는 구절은 "사탄이 사탄을 추방한다"(「누가복음」 11:18, 「마태복음」 12:26)는 구절일 겁니다. 이 간교한 악마는 폭력을 성스럽고 초월적인 형태 안

에다가 옮겨놓습니다. 그러나 예전의 사탄은 사탄을 추방했지만, 기독교의 폭로가 있은 뒤부터는 더 이상 추방하지 못한다는 것을 알아야 할 것 같습니다. 예전 사탄은 희생양 메커니즘을 통해 개입하였지만 지금은 그렇지 않습니다. 더 이상 개입할 수가 없다는 것입니다. 하나님은 이제 다시는 사탄을 개입시키는 일을 떠맡지 않을 것이며 인간도 그렇게 할 수가 없습니다. 저로서는 흔한 일이 아니지만 만약 라캉 식으로 말한다면, 사탄이 이런 구조의 주체라고 말할 수 있을 것입니다. 모방적인 계략을 작동시킨 것도 사탄이고 그것의 주인도 사탄인 것입니다.

바르베리: 제가 제대로 이해했는지 모르지만, 선생님 말씀은 사탄은 없고, 있다면 사탄적인 관계만 있다는 뜻인가요?

지라르: 당신의 질문은 실존하는 사탄이 있는지, 다시 말해 사탄이 실재 존재인지를 묻고 있는 것 같군요. 저는 전통 신학, 즉 사탄의 '존재'를 거부하였던 중세의 신학에 의지하고 있습니다. 사탄의 존재를 인정치 않는 것이 논리적이며 일관성도 있는 것입니다. 하지만 꼭 그래야 하는 것은 아닙니다.

바르베리: 그러면 선생님께서는 악을 선의 결핍으로 보는 아우구스티누스의 주장에 동의하시는 것인가요?

지라르: 물론입니다만 그 주장이 갖고 올 모든 결과에 대해서는 잘 모르겠습니다. 사탄은 언제나 '열등한 존재'입니다. 그래서 질서에 기생하고 있습니다.

바르베리: 사탄은 아마 그보다 먼저 존재하는 질서의 기식자로 규정될 수 있겠군요. 그래서 사탄은 자신이 존재하기 위해서는 그 질서를 파괴해야 하는 것이고요. 법 이전에는 범죄가 없다고 아마 바울이 말한 것 같은데요.

지라르: 바울이 의미하는 것이 아마 그런 것일 겁니다. 그리스

도는 사탄의 벽을 건너뛴 유일한 인간입니다. 그는 희생양 시스템, 즉 사탄의 원칙에 가담하지 않았기 때문에 죽습니다. 예수의 부활 이후로 그전에는 없던 하나님과 세상 사이의 다리가 하나 생겨났습니다. 그리스도의 죽음은 그리스도가 이 세상에 한발을 딛고 있다는 것과 함께 사탄의 성벽을 없앴다는 의미를 갖고 있습니다. 그의 죽음은 그러므로 이 세상에 뿌리박고서 인간이 지나갈 수 있는 새로운 길을 열기 위해, 사탄의 질서 속에다가 무질서를 놓아둔 것이라고 말할 수 있습니다. 달리 말하면 하나님이 이 세상에 다시 존재하게 된 것이라 볼 수 있는데, 그 까닭은 하나님이 인간과 사탄의 자율성을 침해해서가 아니고 그리스도가 사탄이라는 장애물에 저항하여 또 이겨냈기 때문입니다. 이것이 속죄이론일 수 있습니다. 속죄이론이 단 하나만 있는 것은 아닐 것입니다. 선호하여 받아들일 수 있을 만한 이론은 여러 개가 있습니다. 그렇지만 교회는 이런 사실을 절대 말하지 않았습니다. 그래서 정통 교리에 합당한 속죄이론이 단 하나만 있다는 것이 정말 재미있지 않습니까? 한 프랑스 신학자가 최근에 이런 주장을 했지요. 속죄의 도식은 아직 공식적으로 정확히 규정되어 있지 않습니다.

바르베리: 좀 전에 이야기하던 법과 범죄의 관계에 대해 의문이 하나 있습니다. 그리스도가 사탄의 성벽을 허물었는데, 그러나 기독교의 폭로 이전에 있던 사탄적인 것은 사실 사탄적인 것이 아니지 않을까요?

지라르: 정확한 지적입니다. 폭력이 초월적이던 그 시대에 초월적인 것이라고는 사탄이 유일했습니다. 하지만 종교와 사탄과 같은 초월은 구분해야 한다고 생각합니다. 고대 종교라고 해서 사탄과 하나가 되기를 원했던 것은 절대 아닙니다. 오히려 거리

를 두고서 신을 유지하려고 애를 썼는데, 이것은 니체적인 영성 신학과는 아주 거리가 먼 생각입니다. 고대 시대에는 정당했던 것이지만 기독교의 폭로를 거친 지금에는 더 이상 그렇지 못합니다. 자신을 감추면서 개입하기 위한 사탄의 다양한 시도가 이제는 글자 그대로 사탄적인 것이 되었습니다. 이제 '사탄적'이라는 말은 기독교의 폭로 이후 세계에만 적용되고 있습니다.

바르베리: 그렇지만 선생님께서 「마가복음」(3:23~24)을 해석하면서, 경쟁 관계의 핵심에는 언제나 사탄이 있다고 하시지 않았던가요?

지라르: '사탄이 사탄을 추방'하던 순간부터 더 이상 경쟁 관계는 문제가 되지 않고 사탄은 폭력의 신이 됩니다. 그렇다고 고대 종교가 사탄적이라는 말은 아닙니다. 고대 종교는 그 당시, 그곳에서는 합당한 것이었습니다. 고대 종교는 그 허위성이 폭로되는 때부터 비로소 부당한 것이 되었을 뿐입니다. 그전에는 당연히 합당한 것이었습니다. 이것은 아주 중요한 사실입니다. 하지만 이에 대한 논의는 아직 충분하지 못한 것 같습니다.

2. 스캔들과 개종

바르베리: 중요한 사실 하나를 기억해야겠군요. 그것은 폭력이 추락의 계기가 될 수 있다는 명백한 위험으로 인식된 것이 기독교의 폭로 이후부터라는 사실입니다. 선생님의 설명에 꼭 등장하는, 가끔 사탄과 동의어로 쓰이고 있는 '걸림돌' 혹은 '스캔들의 돌'이라는 표현에다가 선생님이 부여하고 있는 것이 바로 그런 의미가 아닌지 모르겠군요.

지라르: 네, 그렇습니다. 예수가 베드로에게 "사탄아, 물러가라. 너는 나에게 장애물이다. 너는 하나님의 일을 생각하지 않고 사람의 일만을 생각하는구나"(「마태복음」 16:23)라고 말할 때의 복음서 기록은 분명 사탄과 스캔들을 같은 것으로 보고 있습니다. 게다가 예수는 자신을 희생양으로, 스스로를 십자가형의 증인들에 대한 스캔들로 간주하고 있습니다.

바르베리: 선생님은 『세상 설립 이래 감추어져온 것들』에서 한 장을 '스캔들론'이라는 주제에 할애한 바 있습니다. 가장 전형적인 모방적 관계인 스캔들은 유혹과 거부와 같은 인간 욕망의 양면적인 성격을 증대시키고 있습니다. 그리고 스캔들은 거기에 연루된 사람들이 항상 똑같은 돌에 채여 비틀거리게 하므로, 이처럼 강박적인 되풀이는 결국 진짜 전염처럼 널리 전염되게 됩니다.

그런데 여기서 생기는 저의 의문은 다음과 같은 것입니다. 스캔들을 걸림돌이나 혹은 금하거나 피해야 하는 대상물로 규정하고 나면, 개인들은 모두 자신의 모델, 즉 '객체' 모델에서 멀어져야 하는 것은 아닐까요?

지라르: '객체'라는 말은 라캉이 쓰고 있는 것 같군요. 그러고 보니 정신분석학자들은 항상 그 말을 사용했던 것 같습니다.

바르베리: 모르는 사이에 제가 라캉주의자가 되었군요. 그렇다면 질문을 이렇게 바꾸어보겠습니다. 스캔들이 생겨나는 것을 막던 유대교의 금기, 선생님이 '법적 초월성'을 부여하고 있는 금기와 관련해서, 버려진 돌을 다시 주워서 기독교가 자신의 주춧돌로 쓰게 된 그 과정이 정말 궁금합니다.

지라르: 네, 그것은 도스토예프스키에서 분명히 드러나 있습니다. 우리는 도스토예프스키의 소설을 이런 각도에서 해석할 수도 있습니다. 소설 도입부에는 개인간의 스캔들만 있지만 뒤에

가면 집단 스캔들을 보여주는 장면들이 나옵니다. 예컨대 『악령』
에서 주변에 혁명가들을 모아두기를 좋아하는 속물 근성을 가진
총독부인의 야회 같은 것이 그렇습니다. 스캔들이라는 말의 중
요한 의미들이 이 텍스트에는 자주 나타나고 있습니다.

바르베리: 『백치』에는 미슈킨 공작의 간질 발작과 기절 장면도
있죠.

지라르: 네, 집단적인 절정에 도달하는 그러한 과정들은 정말
놀라울 뿐입니다.

바르베리: 이런 절정은 종종 어떤 변화를 예고하고 있죠.

지라르: 『악령』의 스테판 트로모비치도 이런 유형의 스캔들에
속하는데, 그가 집을 떠나 방황하던 중에 개종이 일어납니다. 그
것은 무질서의 절정인 동시에 개종입니다. 하지만 물론 그것은
고대 사회를 세웠던 절정과는 다른 차원의 것입니다.

바르베리: 그렇다면 그것은 『세상 설립 이래 감추어져온 것들』
에서 선생님이 언급하셨던 조건인 스캔들의 돌이 초석의 돌로 바
뀌는 개종의 좋은 예가 될 수 있을까요?

지라르: 네, 정확한 지적입니다. 초석의 돌이 바로 십자가입니
다. 스캔들을 다룬 장이 그 책의 끝에 나와서는 안 되는 것이었는
데 말입니다. 그것을 뒤늦게 찾아내다 보니 아쉽게도 합당한 자
리에 그것을 끼워 넣어 전체적인 조화를 꾀할 시간이 없었습니다.

바르베리: 사실 『세상 설립 이래 감추어져온 것들』의 마지막
주제는 『나는 사탄이 번개처럼 떨어지는 것을 본다』의 첫 주제가
되는 것 같은데요.

지라르: 이처럼 나선형을 이루는 경향은 저의 작업에 항상 있
어왔던 것입니다. 최근에 저의 근황을 묻는 질문을 받을 때마다
저는 『세상 설립 이래 감추어져온 것들』을 오메가에서 시작해서

알파까지 가는 역순으로 다시 만들어볼 생각이라고 대답하곤 했습니다. 왜냐하면 오메가가 전체를 지배하고 있기 때문입니다.

바르베리: 그렇다면 선생님이 다음에 쓰실 책의 주제를 예측할 수 있겠네요.

지라르: 네, 저는 고대의 희생양들이 신성화되던 과정을 다시 살펴보았으면 합니다. 유대교는 희생양을 신성시하는 것과 신을 희생양으로 보는 것 모두를 부정하였습니다. 유대교의 신은 완전한 절대적 초월자입니다. 기독교에서 신은 다시 희생양, 정확히 말해서 신으로서의 희생양입니다. 그래서 유대교와 이슬람교에서 볼 때 기독교는 신화로 퇴화한 것처럼 보입니다만, 사실은 그렇지 않습니다. 왜냐하면 신화에서 희생양은 항상 유죄인 데 비해서 기독교의 희생양은 항상 무고한 자이기 때문입니다. 이런 생각에 기대어서 그리스도의 강생을 해석해야 한다고 생각합니다. 어떤 사람이 신격화된 것이 아님을 보여주어야 합니다. 그것은 하나님에게서 나온 것입니다. "말씀이 육신이 되어 우리 가운데 거하시도다"(「요한복음」 1:14)라는 복음 구절처럼 말입니다.

바르베리: 선생님의 최근 글 「모방이론과 신학」[15]의 중심에는 십자가에 대한 신학적 문제가 있습니다. 종말론적인 시각은 십자가를 희생 폭력의 표현으로 볼 수가 없습니다. 신의 의지도 인간과 똑같은 모방 메커니즘을 따르는 것으로 해석하지 않는 한 말입니다. 그것은 사실 합리적이지 못한 것 같은데, 그렇다면 복음이 밝혀낸 희생제의의 폭력과 하나님의 의도로 행해진 그리스도 희생의 관계를 과연 어떻게 해석할 수 있을까요?

지라르: 그 관계는 요한의 서문이 분명히 밝혀놓고 있습니다.

---

15 이 책 3장의 글.

그리스도가 폭로한 희생제의의 폭력성과 세상 사람들이 이 가르침을 거부한 행동 사이의 관계를 요한 서문은 잘 보여주고 있습니다. 물론 이런 거부는 있었지만 그렇다고 해서 어떤 사람들이 그리스도를 받아들여서 하나님의 자손이 되는 것까지 못하게 한 것은 아닙니다.

바르베리: 그 가르침의 합당한 의미는 하나님의 강생을 따른다는 것인가요?

지라르: 물론입니다. 만약 그리스도가 없었다면 희생양 메커니즘이 제대로 폭로될 수 없었을 겁니다. 혹시 희생양 메커니즘이 작동하여 사람들이 모이더라도 그 메커니즘을 폭로할 사람은 하나도 없었을 것이고, 또 희생양 메커니즘이 작동하지 않았다면 이를 폭로할 사람도 없을 뿐 아니라 폭로할 대상도 없었을 것입니다. 만장일치가 없는 곳에서는 희생양 메커니즘 자체가 작동하지 않기 때문입니다. 예수 수난이 있었기에 희생양 메커니즘이 혹시 폭로되지 않을 수도 있었을 가능성을 차단할 수 있었던 것입니다. 처음에는 제자들도 모방의 회오리에 빠져 있었기 때문에 모두 배반을 합니다. 만장일치에는 어떤 예외자도 없기 때문에 이를 전해줄 또렷한 정신의 증인도 없게 됩니다.

이런 인류학적인 진실이 밝혀지기 위해서는 십자가가 꼭 필요했습니다. 그것은 성령의 선물입니다. 십자가만이 제자들에게 성령을 내림으로써 희생양의 무고함을 드러낼 수 있습니다. 이 폭로가 세번째 날에 행해졌다는 사실에는 아주 중요한 의미가 들어 있습니다. 우선 예수에 반대하는 군중들의 만장일치에 제자들도 가담합니다. 사탄으로서는 다 이긴 것이나 마찬가지였습니다. 그러나 그로부터 이틀 뒤에 폭로가 행해집니다. 그리스도 사후에 폭로가 행해졌기 때문에 제자들은 그 과정을 깨달을 수가 있었습니다. 그러자 박해의 만장일치는 와해되었습니다. 성령에 의해 제자들은 군중들에게서 떨어져 나와서 그들을 반박할 수 있는 능력을 갖추게 되었던 것입니다. 그러므로 우리는 예수의 부활을 하나의 가르침으로 여겨야 할 것입니다.

바르베리: 그러면 선생님께서는 순전히 인류학적인 진실을 이해하는 데에 부활의 믿음이 중요한 키포인트가 된다고 생각하시는 것입니까?

지라르: 물론입니다. 최근에 슈바거 씨는 저의 생각에 동의하여, 개종이 이해의 선행 조건이라고 지적한 바 있습니다. 아닌 게 아니라 저는 희생양의 이해는 일종의 개종을 필요로 한다고 말하고 있는데, 그것은 바로 자신이 박해자라는 것을 인정하는 것이기 때문입니다. 복음서에 나오는 개종과 관련한 대표적인 두 구절을 살펴봅시다. 하나는 예수가 죽기 전에 행해진 개종으로서, 두 번이나 예수를 부인하고 난 뒤에 행한 베드로의 두번째 개종입니다. 다른 하나는 예수가 죽고 난 뒤에 행한 바울의 개종입니다. 이 두 개종의 핵심은 자신이 박해자라는 것을 인정하는 것입니다. 베드로는 그리스도를 부인했고 바울은 초기 기독교인들을 박해하였습니다.

바르베리: 자신에 대한 인정 중에 혹시 자신이 박해자임을 인정하는 것이 아닌 다른 인정도 있을 수 있을까요?

지라르: 없을 것 같은데요. 동시에 우리는 흔히 일상에서 행하고 있는 희생양이라는 말이 아주 모순적인 개념이라는 것을 깨달아야 한다고 생각합니다. 도처에서 희생양을 보면서 우리는 박해자들을 공공연히 비난합니다. 그렇지만 우리는 결코 자신이 그 희생양 메커니즘에 개인적으로 연루되어 있다고는 생각지 않습니다. 희생양 경험은 객관적 경험처럼 보편적이며, 주관적 경

험처럼 예외적인 것입니다. 그래서 "아, 제가 미처 깨닫지 못했는데, 알고 보니 제가 바로 박해자로군요"라고 말하는 사람은 하나도 없습니다. 사람들은 모두 희생양 현상에 가담하고 있지만 우리 각자들은 빠져 있다고 여기고 있습니다.

그리스도는 이를 예견하였습니다. "너희는 모두 나 때문에 미움을 받을 것이다"[16]라고 말입니다. 그래서 베드로는 군중 속으로 들어가 그들 속에 섞입니다. 하지만 베드로가 그 무리에서 어떻게 나오게 됐는지 설명해주는 구절은 아무 데도 없습니다. 『공관복음』의 베드로는 자신이 빙금까지 예수 수난에 가담하고 있었다는 것을 스스로 깨닫고는 울음을 터뜨립니다. 「누가복음」만이 예수와의 관계를 보여주기 위해서 예수로 하여금 그 뜰을 지나다가 베드로를 만나게 하는데, 이 장면은 바울의 개종 장면과 비교할 만합니다. 누가는 말하자면 이 사건, 즉 신의 은총에서 예수가 한 역할이 무엇인지 구체적으로 보여주고 싶었던 것입니다. '여기서 내가 이렇게 죽지 않으면 너희들은 계속해서 희생양 제도에 연루되게 되어 그 제도를 영원히 믿게 될 것'이기 때문에 "내가 떠나가는 것이, 그래서 내가 죽는 것이, 너희에게는 더 유익하다"(「요한복음」 16:7)는 말씀으로 연결됩니다. 복음서 최고의 패러독스는, 예수의 부활은 대부분의 사람들이 생각하듯이 최고의 신비화가 아니라 오히려 모든 탈신비화의 기원이라는 것입니다. 제자들이 군중의 만장일치에 반대할 수 있었던 것도 바로 이 탈신비화의 기원인 예수의 부활 덕분입니다. 이것은 항상 희생양에 반대하는 폭력적 만장일치의 신비를 벗겨냅니다. 박해자의 역할을 완전히 이해하려면 그때까지는 온전했던 사탄의 고

---

16 「마태복음」 10:22(옮긴이).

리에 구멍을 내기 위해서는 그리스도의 죽음이 필요했다는 것을 깨달아야 합니다.

바르베리: 정리해보면, 자신이 박해자임을 인정하기 위해서는 사탄의 고리에 구멍이 나야 하고, 또 사탄의 고리에 구멍을 내기 위해서는 스스로 박해자가 되는 것을 단념해야 한다, 다시 말해 은총이 필요하다는 말이군요.

지라르: 요한은 「요한복음」 서두에서 "그 빛이 어둠 속에서 비치고 있다. 그러나 어둠이 빛을 이겨본 적이 없다. 〔……〕 말씀이 세상에 계셨고 세상이 이 말씀을 통하여 생겨났는데도 세상은 그분을 알아보지 못하였다. 그분이 자기 나라에 오셨지만 백성들은 그분을 맞아주지 않았다"라고 말하고 있습니다. 그러나 비록 얼마 되지 않는 사람이라도 "그분을 맞아들이고 믿는 사람들에게는 하나님의 자녀가 되는 특권을 주셨다"(「요한복음」 1:5~12). 그렇다고 사탄의 실패, 즉 사탄의 왕국에 생겨난 구멍으로 인해 모든 사람들이 다 득을 본 것은 아닙니다. 단숨에 모든 인류의 구원이 일어난 것이 아니기 때문입니다. 그분을 맞아들인 사람들은 하나님의 자녀가 되는 능력을 부여받았습니다. 그러나 하나님의 자녀가 되는 능력을 받은 이들은 당연히 그 능력을 겉으로 자랑하지 않았기 때문에 "백성들은 그분을 맞아주지 않았다"는 구절은 여전히 사실입니다. 과도기의 구원도 물론 가능할지 모르지만 확실하지는 않습니다. 인간은 신의 은총을 이용할 수 있습니다. 제자들도 돌아오지만 그 숫자는 미미합니다. 그것은 은총입니다. 은총의 모든 문제가 바로 여기에 있습니다. 복음서 여기저기에 그리고 특히 「마가복음」에는, 은총은 인간의 공로 때문에 오는 것이 아니라고 되어 있습니다. 예수가 부활하기 전까지는 깨닫지 못하였지만 제자는 제자입니다. 그들에게서 아주

작은 흔적이 나오는데 부르심에 대한 대답이 그것입니다. 똑같은 식으로 '회개한 도둑'도 제자의 대열에 합류합니다. 이처럼 개인적이고 실존적인 관계가 필요합니다. 그렇다고 제자들이 예수를 받아들였다고 말하기에는 부족한 것이 곧 예수를 배반하기 때문입니다. 베드로도 아무것도 깨닫지 못하고 있는데, 이는 당연한 것입니다. 왜냐하면 애초부터 하나님은 사탄이 지배하고 있는 적의가 가득 찬 인간 세계로 들어온 것이기 때문입니다. 그런데도 하나님은 과연 어떻게 사탄의 단단한 성벽을 허물 수 있었을까요? 그것은 사탄이 불가능하다고 생각하던 것을 행함으로써, 즉 희생양 메커니즘을 이용하기보다는 오히려 스스로 죽음을 택함으로써 가능했습니다. 예수는 스스로 희생양이기를 택한 것입니다. 방금 살펴본 「요한복음」 구절은 그리스도의 죽음이 없었더라면 제자들의 개종도 없었을 것이란 사실을 아주 분명히 말해주고 있습니다. 그리스도의 죽음이 없었더라면 그들은 아마도 여전히 사탄의 질서 속에 갇혀 있었을 것입니다.

그리스도의 죽음은 사탄 왕국의 파멸을 나타내고 있습니다. 사탄의 고리가 열리자 예수의 진실과 은총이 미처 사탄의 고리에서 빠져나오지 못한 사람들에게도 내려올 수 있게 되었습니다. 희생양을 변호하는 자인 성령은 우선 베드로와 다른 제자들에게 영향을 주어, 예수는 무고하며 잘못은 그들에게 있다는 것을 말해줍니다. 또 이 성령은 다른 박해자들에게도 영향을 끼쳐서 그들이 박해자란 것과 그들의 희생양이 무고하다는 것을 보여줍니다. 우리가 개종이라 부르고 있는 것은 결국 희생양 경험을 박해자의 주관적 경험으로 변화시키는 것이라 할 수 있습니다.

바르베리: 선생님께서 십자가의 패러독스라고 말씀하시는데, 그것은 전통적으로 신학자들이 쓰던 표현이 아닌가요?

지라르: 그 표현을 그다지 좋아하는 편은 아닙니다만, 여기서 이 표현은 그다지 논리에 어긋나지 않는 것 같습니다. 십자가의 패러독스는 고대의 희생 구조를 전도시키기 위해서 희생 구조를 또다시 만들어내고 있다는 것입니다. 하지만 이런 전도는 "세상 설립 이래" 저 안쪽에 있던 것을 겉면에 올려놓은 것에 불과합니다. 희생양은 유죄가 아니며 그래서 폭력을 삼켜버리는 능력도 더 이상 갖고 있지 않다는 것이 그것입니다. 사회적인 측면에서 보면, 십자가는 그 사회의 안정을 깨뜨리는 진실을 폭로하고 있다고 말할 수 있습니다. 그 구조는 여전히 고대 사회의 그것과 똑같은데도, 복음서에서는 희생양이 신성하다는 것을 폭로하는 것이 다수 박해자의 편이 아니라 단지 소수인 이단의 편에서 행해지고 있다는 것은 정말 놀라운 일이 아닐 수 없습니다. 이런 폭로는 진상을 제대로 알고 있는 사람들만이 할 수 있는 것입니다. 이 폭로에 의해 만장일치가 허물어지게 됨으로써 고대 사회와 같은 유형의 종교는 더 이상 생겨날 수가 없게 된 것입니다. 우리는 이를 분열에 대해 이야기하고 있는 「요한복음」의 마지막 부분에서 잘 볼 수 있습니다. 기적을 행할 때는 더욱 그러하지만 그리스도의 개입은 항상 그 말을 듣는 사람들의 분열을 유발하고 있습니다. 「요한복음」에는 묵시록적인 요소가 없다고 주장하는 사람들의 생각은 잘못인 것 같습니다. 여기에는 『공관복음』 스타일의 "내가 세상에 평화를 주러 온 줄로 생각하지 말라"(「마태복음」 10:34)는 식의 묵시록적인 구절은 물론 없습니다. 하지만, 그리스도가 전쟁을 주러 왔다는 것은, 예컨대 유대인들을 갈라놓는 소경을 낫게 한 일화(「요한복음」 9)나, "이렇게 군중은 예수 때문에 서로 갈라졌다"(「요한복음」 7:43)는 구절로 이해될 수 있을 것입니다. 그러므로 결론은 그리스도의 폭로에 의해 무너

진 이 세상의 관점에서 보면 정말 아주 비관적입니다. 그렇지만 이 세상의 관점은 더 이상 중요한 것이 아닙니다. 하나님과의 합일이 최우선이기 때문입니다.

바르베리: 선생님께서는 그리스도의 죽음이 이 세상 질서에 위기를 가져왔다고 말씀하시는데, 이것을 또한 아버지와의 관계의 위기로 보면 안 될까요?

지라르: 그렇게 생각하지는 않습니다. 동방정교회든 로마가톨릭이든 혹은 '필리오크filioque〔성자〕'를 인정하든 않든 간에, 아버지의 개입은 있습니다.[17] 은총은 아버지로부터 나오고 있는데 우리는 그리스도가 죽고 난 뒤에야 성령에 도달할 수 있었습니다. 또한 그럴 때에만 하나님의 절대권능과 제자들 사이에 통로가 생겨날 수 있습니다. 하지만 이렇게 말하면 당신은 아마 수난의 금요일, 즉 재〔灰〕의 금요일에 나온 "어찌하여 나를 버리시나이까?"라는 말을 떠올리겠지요. 특히 절대적인 희생양의 복음서인「누가복음」에서는 이 버림이 아주 두드러지게 표현되어 있습니다. 사람들은 전통적으로「마가복음」을 베드로의 복음으로 보고 있습니다.「마가복음」의 저자는 그 사람 이름이 무엇이든 간에, 다른 제자들보다는 분명 베드로와 더 가까웠을 겁니다. 그리고 베드로의 배반도「마가복음」에서 더 강하게 표현되어 있고 또 시각적인 효과도 아주 풍부하게 구체적으로 묘사되어 있습니다. 여기서 우리는 "어찌하여 나를 버리시나이까?"라는 구절을 볼 수 있는데, 예수는 실제로 바로 그 아버지로부터 버림을 받았

---

17 신앙 고백인「사도신경」세번째에 나오는 '성령, 성부, 성자qui ex Patre Filioque procedit'에 들어 있는 표현으로 서방교회(로마가톨릭)가 주장하던 이것은 동방교회(동방정교회)와 정통성을 놓고 논쟁을 벌일 때 논박의 근거가 되었다. A. Palmieri, "Filioque," dans *Dictionnaire de théologie catholique*, vol 5, Col. 2309~2343, Paris, 1913 참조.

기 때문입니다. 이것은 「요한복음」에서 볼 수 있는 것과는 다릅니다. 사실 「요한복음」의 예수는 여전히 자신에게 일어나는 사건의 주인입니다. 가령 체포되는 장면에서도 예수는 전혀 놀라지 않습니다. 또 고통스런 마지막 밤의 장면에서도 마찬가지입니다. 「마가복음」과 「마태복음」에서는 아주 끔찍한 밤으로 묘사되어 있지만 「누가복음」에서는 그 끔찍함이 좀 부드럽게 묘사되어 있습니다. 그러나 「요한복음」에서는 때로 마치 그리스도 '폐하' 앞에 있는 듯한 인상을 받습니다. 이런 차이는 아주 중요합니다. 비평가들은 이런 차이를 뛰어넘을 수 없는 대립으로 보고 있습니다만, 이 다양성을 긍정적으로 생각할 수도 있을 것입니다. 우리 인간은 단 하나의 기록만으로는 이 진실을 다 포착할 수가 없습니다. 동일한 사실에 대한 네 편의 기록이 그래서 필요한 것입니다. 서로 주안점이 다른 것은 저로서는 필연적이라고 생각합니다. 우리 인간은 총체적인 희생양과 그리스도의 신성을 한꺼번에 생각할 수가 없기 때문입니다. 각 복음서들은 각기 재능에 따라 특별히 이 신비의 한 면을 강조하고 있습니다.

바르베리: 인류학적인 면에 가장 근접해 있는 「마가복음」은 동시에 모방이론과도 가까운가요?

지라르: 「마가복음」은 인류학적 시대, 즉 어떠한 신도 없던 시대에 가장 가깝습니다. 그리고 사람들은 기적을 나열하는 것을 썩 좋아하지 않지만, 모방적 관계를 밝혀내는 데는 당신의 말대로 「마가복음」만 한 게 없습니다. 이 복음에는 제자들이 모두 나쁜 기운에 사로잡혀 있으며, 예컨대 누가 더 그리스도와 가까운지 알고 싶어하는 등 서로 경쟁하면서 자신들의 서열을 만들어내고, 서로를 서로의 '희생양으로 만들고' 있는 구절들이 나옵니다. 이 기록들은 모두 위대한 권능에서 나오고 있습니다. 마가는 이

모든 것을 알고 있었습니다.

단순한 비평가들은 마가를 전복적인 반항인으로 보고 있는데, 이런 생각은 정말 이해가 되지 않습니다. 이런 비평가들은 심지어, 다른 제자들이 마가의 복음서에서 제대로 된 대접을 못 받은 것은 마가가 다른 제자들에게 반항하는, 그래서 결과적으로 교회에 반항하는 기록을 하였기 때문이라고 볼 정도로 기괴합니다. 사실 「마가복음」은 예수 부활 이후에야 가르침의 빛이 나왔을 뿐, 그 이전에는 제자들도 전혀 사정을 알지 못했다는 것을 보여주고 있습니다. 저는 신학이 모두 이 상태에 있다고 생각합니다. 물론 아직은 제대로 펼쳐지지 않았지만 그 농도는 아주 짙은 상태입니다. 동시에 「마가복음」은 가장 구체적이기 때문에, 가장 압축적인 기록이며 이론적인 것이 가장 적게 들어 있는 기록입니다. 순전히 희생양의 복음인 「마가복음」에서 「요한복음」으로 갈수록, 복음은 점점 더 '신학적인 것'이 됩니다. 그리고 마가에서 마태로 그리고 마태에서 누가로 갈수록 점점 더 길어집니다. 다시 「마가복음」 이야기를 하자면, 세례 요한의 죽음이나 게라사의 악령들에 관한 글을 쓰다가 저는 마가가 구체적인 디테일들을 아주 많이 알고 있다는 것을 알게 되었습니다. 그래서 게라사의 악령 이야기에 나오는 악령이 "내 이름은 군대다. 우리는 숫자가 많기 때문이다"(「마가복음」 5:9)라고 말하는 유일한 기록이 바로 「마가복음」입니다. 자기 스스로 "나는 군중이다" 그리고 "나는 로마의 군중이다"라고 말하는 자는 바로 악령입니다. 「마가복음」은 오늘날은 로마에서 씌어진 것이라고 생각하고 있지만 10년 전에는 안티옥에서 씌어졌다고들 생각했습니다. 미래의 사람들은 무어라고 생각할지 누가 알 수 있을까요.

바르베리: 역사 비판이 새로운 호황을 맞이하고 있는 것 같은

데, 선생님은 이를 어떻게 생각하시는지요?

지라르: 최근에는 역사 비판을 읽어보지 못했습니다. 하지만 예전에 스탠퍼드 옆에 있는 멘로 파크 수도원의 레이먼드 브라운 신부의 작업에 찬사를 보낸 적이 있습니다. 자신의 연구에 열정적인 데다 아주 박식했던 이 신부는 두 권으로 된 『메시아의 죽음』이라는 책을 썼는데, 이 책은 예수가 체포당하는 시점에서 시작해서 재판과 수난과 십자가형을 거쳐서 부활에 이르는 전 과정에 걸쳐서 행해진 모든 세밀한 비판을 검토하고 있습니다. 이 책은 전적으로 역사적 비판을 존중하는 작업이면서도 때로는 제가 보기에 아주 수상쩍어 보이는 것들도 받아들이고 있는데, 그렇지만 결국은 정통 교리를 따르고 있는 책입니다. 브라운 신부는 요한이 마가를 알지 못했다는 생각을 강하게 주장하고 있는데, 제가 보기에도 그의 생각에 일리가 있는 것 같습니다. 그의 논리는 아주 설득력이 있습니다. 요한은 마가에게서 둘 다에 들어 있는 공통된 사건을 끌어내고 있지 않습니다. 두 복음의 구전은 독립적이었고, 쓰고 있는 어휘도 이 두 복음이 서로 무관하다는 것을 말해주고 있는 것 같습니다. 하지만 사건은 똑같습니다. 만약 진정으로 복음서의 신뢰성을 떨어뜨리기를 원한다면 단 하나의 기원에서 복음이 나왔다는 가설을 정하기만 하면 됩니다. 마가가 사용하고 있는 그리스어는 언어의 측면에서는 가장 빈약하고 또 가장 많이 틀린 언어지만, 문학적인 측면에서는 가장 강하고 또 희생양의 측면에서는 가장 냉혹하다는 것을 저는 다시 한 번 말씀드리고 싶습니다. 가령 예수 옆에서 십자가형에 처해진 두 명의 도둑을 비교해봅시다. 「마가복음」에서 이들은 예수에 대해 모두 적의를 갖고 있습니다. 다른 말로 하자면, 폭력의 만장일치에 예외가 없습니다. 「누가복음」에서 두 도둑 중의 한 명은 기계

적인 만장일치에 휩쓸리지 않아 구원을 받습니다. 정확히 말하면 자신이 스스로 박해자임을 인정했기 때문입니다. 그런데 「마가복음」에는 이 이야기가 나오지 않고 당연히 '회개한 도둑'도 없습니다. 예수가 모든 인류의 희생양이라는 생각은 「누가복음」에도 나오고 있습니다만, 다른 생각들과 같이 겹쳐서 나오기 때문에 그렇게 부각되지 않습니다. 만약 「누가복음」만 남아 있다면 예수가 부활하기 전에 제자들이 얼마나 사정을 깨닫지 못했는가를, 지금의 우리는 제대로 파악하기 힘들 것입니다. 그러나 「마가복음」을 통해서 우리는 제대로 파악할 수가 있습니다. 예수가 부활하기 전에 제자들은 욕설을 한마디도 하지 않았습니다. 그야말로 철저히 그렇게 했습니다. 그러나 「마가복음」의 이런 냉엄함에는 신학적인 의미만 있지 논쟁이나 정치적인 의미는 없습니다. 이것은 결코 제자들을 풍자한 것이 아닙니다. 그것은 기독교의 폭로 이전 시대의 인류의 초상화와 같은 것입니다.

3. "나는 이 세상을 위해 간구하는 것이 아니다"

바르베리: 선생님의 복음서 설명은 정말 활기가 넘쳐나는 것 같습니다. 동시에 그리스도의 강림과 수난을 해석하는 데에 모방이론이 잘 들어맞고 있다는 것을 확인하게 됩니다. 그리스도의 강림은 고대 종교에 대한 탈신화화이며, 그리스도의 수난은 희생양의 무고함에 대한 폭로라고 말입니다. 그런데 가령 그리스도의 부활과 천상의 예루살렘에 의로운 자들이 들어가는 것과 같은 그리스도 강림과 수난의 종말론적인 결과와 모방이론은 어떤 관계가 있습니까?

지라르: 부활에 대한 모방이론은 없을 것입니다. 부활은 종교 전파 과정에서 만들어낸 것이거나, 그게 아니면 실제로 그러한 일이 벌어졌을 것입니다. 구조적이고 역동적인 측면에서 보면, 부활의 인류학적·신학적인 의미가 너무나도 논리적이어서 그것을 두고 만들어낸 것이라고 보기는 정말 힘들 것 같습니다. 그렇다면 그리스도의 부활은 모든 속죄이론과 연결시켜야 될 것입니다. 방금 제가 전개시켜보았던 것이 바로 그것입니다. 사탄의 왕국은 모방적 만장일치와 연관되어 있지만, 제자들은 그리스도 덕분에, 다시 말해 부활에서 오는 은총 덕분에, 그 만장일치를 깨뜨리는 데에 성공하고 있습니다.

좀더 풀어서 말해야겠군요. 제자와 세상 사람들에게 진실을 폭로하는 은총이 하나님에게서 나오는데, 그것은 지상의 목표를 위해 그렇게 하는 것이 아닙니다. 사람들이 아직 개종하지 않았기에 그렇게 하는 것은 당연히 사람들에게 위협을 가하는 것이 되기 때문입니다. 요한은 "나는 이 세상을 위해 간구하는 것이 아니다"(「요한복음」 17:9)라는 그리스도의 말을 전해주고 있는데, 이 말은 희생양에 기초해 있는 이 세상을 위해서는 기도하지 않는다는 의미일 것입니다. 일단 희생양이 사라지고 나면 이 세상은 어떻게 될까요? 사탄이 사탄을 더 이상 추방하지 못하게 된 때부터 사탄은 이 세상을 파괴할 정도로 날뛰기 시작합니다. 이것이 바로 묵시록적인 생각입니다. 우리는 이 주제를 이것의 결과로 생겨난 대단찮은 다른 것과 뒤섞지 말고 그것의 중요성을 잊지 말아야 할 것 같습니다. 제자들은 하나님의 폭로야말로 이 세상 시스템의 종식이라는 것을 알고 있었습니다. 그러나 실제 역사로 보면 그들은 약간 앞서갔습니다. 그들은 그리스도의 죽음으로 이 세상이 크게 영향을 받아서 희생양 시스템도 곧 기능을 다할 것이라고 생각했던 것입니다. 그러나 실제로는 예수 수난의 영향이 진정으로 이 세상에 침투하여 모든 희생양 현상에 파고 들어가서 희생양의 무고함이 밝혀지고 또 상호 착취에 근거해 있는 이 시스템의 박해자들의 부당함이, 간단히 말해서 2천 년 전부터 해체되고 있던 폭력의 모든 시스템이 완전히 폭로되는 데에는 2천 년의 시간도 부족하였습니다. 물론 그 당시에는 과오가 아니었지만, 제자들이 범한 유일한 과오는 그 모든 것을 한순간으로 압축할 수 있을 것이라고, 다시 말해 37년이나 38년에서 2000년으로 바로 갈 수 있을 것이라고 믿었던 데에 있습니다. 오늘날의 신학자들은 묵시록적인 기록들을 지우려는 경향이 있습니다. 그런데 그들은 이런 사실을 절대 드러내지도 않고 또 약간의 암시도 하지 않으면서도 온전한 신학을 세우고 있다고 생각합니다. 그들은 사탄을 떼어내듯이 묵시록적인 기록을 떼어냈는데, 이것이 바로 배제입니다. 그런데 이런 배제에 대해서는 사람들이 입을 닫고 있습니다.

이런 현상에 대해 잘 알고 있던 한스 우르스 폰 발타사르는 『신의 극작술』에서 모방이론은 신학자들이라면 필히 관심을 기울여야 할 중요한 면을 잘 담고 있다고 말하고 있습니다.[18] 하지만 그는 모방이론에서 예수를 희생양으로 보는 것은 논리적이지만 그리스도는 우연히 희생양이 되었다고 생각하는 듯합니다. 그러나 그리스도는 인류에게 하나님의 왕국을 제공해줌으로써 사탄을 자극했고, 인류는 이 왕국을 거부하였기 때문에 미리 준비되어 있던 희생양을 갖게 되었습니다.

그리스도는 왕국을 제공함으로써 사탄의 시스템을 파괴하려 합

---

18 Hans Urs von Balthasar, *Theodramatik*, vol. III. *Die Handlung Anlage des Gesamtwerkes*, Einsiedeln, Johannes Verlage, 1980.

니다. 그러나 역사 비평은 르낭의 역사 해석처럼 유토피아적이고 귀여운 생각을 설파하는, 약간은 순진한 착한 소년과 같은 예수와 지금 우리가 알고 있는 그런 신학을 만들어낼 수도 있었을 교활한 신학자들을 구분하려고 애를 쓰고 있습니다. 그러나 이것은 완전히 틀린 시각입니다. 하나님 왕국과 십자가의 관계는 직접적이기 때문입니다. 하나님 왕국을 거절한 결과가 바로 십자가입니다. 달리 말하면, 이 세상 사람들은 언제나 선택을 하였습니다. 만약 사람들이 예수의 제안을 받아들였다면 십자가도 없었을 것이고, 사람들은 이 세상에서 하나님의 왕국으로 어떤 저항도 없이 쉽게 이행하였을 것입니다. 왕국의 거부에서 나온 불행에 인간은 스스로 책임이 있습니다. 역사주의의 멸시는 인류학적·신학적 이해 부족의 결과입니다.

바르베리: 그뿐 아니라 하나님 왕국에 대한 선택이 때로는 복음서에 아주 구체적으로 나오고 있습니다.

지라르: 그렇습니다. 「마태복음」에는 하나님 왕국의 거절에 대한 비유가 나오고 있습니다. 여기에는 희생양 현상이 잘 표현되어 있을 뿐만 아니라 「마가복음」보다 신학적으로 한층 더 발전된 내용을 담고 있기 때문에, 교회가 「마태복음」을 복음서의 제일 머리에 두고 있는 이유를 잘 알게 됩니다.

바르베리: 역사 해석은 기독교인들이 『구약성서』의 주제들을 부당하게 이용하고 있다고 종종 비판하고 있습니다. 선생님의 여러 저서를 보면 선생님은 특히 「마가복음」을 많이 파고드는 것 같습니다. 이런 선호도 역시 『구약성서』에 대한 과도한 우화적 해석을 피하려는 배려 때문인가요?

지라르: 정확한 이해를 위해서는 항상 4복음서를 동시에 보아야 합니다. 「요한복음」은 성령을 이해하는 데에 아주 중요합니

다.「누가복음」에는 예수가 엠마우스에서 제자들과 만나는 이야기와 같이 없어서는 안 될 소중한 내용이 들어 있습니다. 부활의 의미를 이해하기 위해서는 이 이야기가 꼭 필요합니다. 부활을 이해한다는 것은 곧 『신약성서』를 이해한다는 것이고, 이것은 그러므로 희생양을 이해한다는 것을 뜻합니다. 『구약』과 『신약』의 관계는 희생양에서부터 시작할 때에만 의미가 있습니다. 『신약』이 『구약』에서 따온 가장 흥미로운 것이 바로 그것입니다. 예컨대 희생양에 대한 정의이기도 한 "그들은 까닭 없이 나를 미워하였다"(「요한복음」 15:25)와 같은 구절이나 "그들은 자기들이 찌른 사람을 보게 될 것이다"(「요한복음」 19: 37)와 같은 구절이 그것입니다. 여기서는 항상 그리스도의 죽음을 희생양의 무고함을 드러내는 구절들과 관련짓고 있습니다. 『구약』과 『신약』 사이의 관계는 정말 예언과 같은 관계입니다.

'어둠의 교훈'과 같은 성주간(聖週間)의 위대한 기록들은 주로 적에게 둘러싸여 린치 당하기를 기다리고 있는 희생양의 시편들입니다. '예레미아의 한탄'(「예레미아」 1:1~14)과 같은 시편들은 모두 신화에 대한 전복과 같습니다. 이를 본 오늘날의 착한 사도들은 "아, 너무 폭력적이다! 린치를 가하는 사람이나 당하면서 투덜대는 사람이나 사악하기는 매한가지구나!"라고 말하고 있습니다. 『성경』을 비판하는 사람들은 이들이 기독교도로서 아무런 불평도 없이 당하기를 바라고 있습니다. 그러나 「시편」의 목소리는 하나님에게 도움을 요청하면서 적들에게 벼락을 쳐달라고 애원하고 있습니다. 여기서 우리는 오늘날 비평의 사악함을 잘 보게 됩니다. 이들 비평은, 폭력은 오로지 기록에만 있다고 생각하는데, 그렇다면 그 기록은 과연 무엇을 이야기하고 있나요? 그것은 바로 곧 죽을 것을 알고 있던 어떤 박해받는 사람에 대해 이야기하고 있습니다. 그는 두려워하고 있는데, 그 두려움을 전하는 기록의 전파력은 대단합니다. 이들의 말대로라면 그 사람에게는 괴로워하거나 도움을 청할 권리도 없다는 것일까요? 도움을 청한다는 것은 물론 폭력에 의지하는 것입니다. 그러나 이 기록의 주된 관심은 그것들이 폭력적이라는 데에 있는 것이 아닙니다. 그것들은 오히려 폭력에서 벗어나야 한다는 필요성을 표현하고 있습니다.

바르베리: '그리스도의 모방'에 대해 준비하고 있던 제 질문에 대해 선생님께서 미리 답변하신 셈이 되었습니다. 기독교 옹호 문학이 근거하고 있는 이 표현은 과거에도 기독교에 대한 고통주의 해석의 패러다임이 되었지만 지금도 그러합니다. 이 해석에 따르면, 예수가 군중이 아니라 하나님 아버지가 요구한 희생이라는 의미에서, 자신의 희생양 역할을 기꺼이 받아들여 십자가 위에서 고통을 받으면서 괴로워했던 것과 마찬가지로, 선량한 기독교인 또한 자신의 구원을 준비하기 위해 자기 삶의 십자가를 짊어져야 한다는 것입니다.

하지만 선생님은 그리스도의 모방을 이야기할 때, 하나님 아버지의 모방을 참조하면서 스스로 모든 모델을 극복했다고 칭하면서 남들에게는 자신을 모방하라고 주장하는 '엉터리 대가들'의 주장과 대비시키고 계시군요.

지라르: 하나님 아버지와의 관계는 긍정적인 모방의 관계입니다. 그러나 그리스도의 고통은 모방이 아닙니다. 고통에 대해 말하자면 그리스도는 정말 특이합니다. 그것은 '고통주의'에 반대하는 좋은 이유입니다. 그렇지만 그리스도는 '내 아버지에 대한 모방자인 나를 모방하라'고 말하고 있습니다. 왜냐하면 오늘날 예언자들의 주장과는 반대로 이 말은 '내가 모방자가 아니기 때

문에 나를 모방하라'는 의미가 아니기 때문입니다. 스스로를 개인주의자로 자처하면서 '나를 모방하라'고 외치는 오늘날 대가들의 말이 웃기는 것이란 것을 니체는 잘 알고 있었습니다. 그는 이것이 무엇을 말하고 있는지를 알고 있었습니다. '나를 모방하지 말라, 그렇지 않으면 너희들은 내가 원치도 않는 그리스도의 자리에 나를 둘 것이기 때문이다'라는 의미란 것을 말입니다.

바르베리: 『세상 설립 이래 감추어져온 것들』 이래로 선생님은 바울에 대해, 특히 「히브리인들에게 보낸 편지」에 대해 입장을 바꾸어오신 것 같은데요.

지라르: 「히브리인들에게 보낸 편지」는 바울이 쓴 것이 아니라고 알려져 있습니다. 다른 한편으로 그 편지는 희생제의적 해석의 본보기라는 아주 중요한 의미를 갖고 있습니다. 우리는 항상 이 기록들을 그 정신적인 전후 관계 속에다 되돌려놓고 생각해야 합니다. 이 편지의 전후 관계는 아주 복잡합니다. 「히브리인들에게 보낸 편지」는 그리스도의 죽음을 희생제의와 관련지어서 규정하려 애쓰다가 마침내 '마지막 희생'이라는 표현을 만들어냅니다. 이 희생은 다른 희생과는 아주 다른데, 그 차이는 아주 특이한 「시편」 제40편의 내용을 말하는 이 편지에 잘 나타나 있습니다 (「히브리인들에게 보낸 편지」 10:6). 그리스도의 입을 통해 하나님 아버지에게 말하는 형식을 띠고 있는 그 시편은 "당신은 희생도 봉헌도 아니 원하시고 오히려 내 귀를 열어주었사옵니다. 〔……〕 그래서 엎드려 아뢰옵니다. '제가 대령하였습니다'"(「시편」 40:7~8)라고 되어 있습니다. 이 말은, 당신께서 번제물도 희생도 원하지 않으면 폭력을 막는 울타리도 없어지게 되므로 어떤 것으로도 더 이상 폭력을 막지 못한다는 것을 뜻하고 있습니다. 옛날의 시스템은 끝이 났으므로 남에게 폭력을 입히지 않으

려면 자신이 폭력을 입는 것을 받아들여야 한다는 것입니다. 모든 것은 이 생각 안에 있는 것 같습니다.

바르베리: 이 편지가 하고 있는 마지막 희생이라는 말은 그러니까 희생제의의 포기라는 논리에서 나온 것이군요.

지라르: 맞습니다. 어떤 순간부터 죽음을 받아들이는 것이 필요한 것도 바로 그런 이유에서입니다. '고통받는 종의 노래'와 아주 가까운 「시편」 40편은 '당신께서 번제물을 원치 않으시기에 저는 박해자들의 편으로 통하지 않기 위해서라도 저 스스로 고통을 받겠습니다'라고 말하는 그리스도의 논리를 그대로 따르고 있습니다. 박해를 하는 사람과 박해를 받는 사람 사이의 중간 입장은 없습니다. 멀리서 관망하기 위해 물러서 있는 입장이란 것도 없습니다. 바깥에 위치해 있는 것이 가능하다고 믿으면서 자신은 거기에 연루되지 않았다고 생각하는 인류학자나 사회학자의 입장을 취하는 것은 불가능합니다. 그러므로 결국 『세상 설립 이래 감추어져온 것들』에서 모든 것을 판단할 수 있는 비(非)희생적인 입장이라는 생각은 너무나도 인류학적인 시각에서 나온 것입니다. 인류학은 좋은 것입니다. 하지만 인류학은 기독교의 폭로가 제기하는 문제들에 대해 뒤로 물러설 수도 마음을 닫은 채 가만히 있을 수도 없습니다. 사탄과 성령 사이에는 제3의 길과 같은 중간 지대가 없기 때문입니다.

바르베리: 그 말은 사회과학이 기독교화될 수 없다는 뜻인가요?

지라르: 사회과학을 기독교화하면 그것은 더 이상 사회과학이 아닐 뿐만 아니라 그렇게 하는 것 자체가 불가능합니다. 사실 희생에는 제3의 길이 없습니다. 또한 오로지 객관적이기만 한 지식도 없습니다.

바르베리: 선생님 생각은 갈수록 점점 묵시록적인 생각을 중심

으로 맴도는 것 같습니다. 혹시 선생님께서는, 역사는 이미 완성되었고 그래서 모든 가능성은 다 바닥이 났다고 보고 계시는 것은 아니시죠?

지라르: 제 생각은 항상 묵시록적이었습니다. 기독교의 폭로가 있고 난 뒤 우리가 초기의 기독교인들이 범한 묵시록적인 과오라고 보고 있는 것은, 사실은 모든 것이 완성되었다고 보았던 그들의 믿음이었다고 저는 생각합니다. 제 시각은 이처럼 묵시록적입니다. 그렇다고 제 말이 내일 세상 종말이 올 것이라는 뜻도 아니며, 물론 종말이 오지 않는다는 의미도 아닙니다. 이런 점에서 우리도 잘 알고 있지 못하다는 의미에서, 우리도 우리 선조들과 정확히 똑같은 지점에 있습니다. '낡은 희생제의'에 대한 일종의 해체가 가져다주는 창조적 가능성을 우리는 예측하지 못하고 있습니다. 저는 우리 역사를 연구하여 이미 밝혀진 것들의 이면에 혹시 또다시 밝혀낼 것이 없는지, 그렇게 해서 희생의 시스템에 억눌려 있던 것들, 즉 지금과는 다른 유형의 과학이나 삶이 혹시 꽃을 피울지, 찾아볼 필요가 있다고 생각합니다. 예수 수난이 인간 문화에서 해체한 것이 하나의 출구나 뜻밖의 풍성함이 될 수도 있습니다. 이것은 확실합니다. 이런 점에서 예수가 '시대의 징조'라 불렀던 것도 살펴볼 필요가 있을 것 같습니다.

바르베리: 오늘날 현대인에게 만연되어 있는 '희생양에 대한 근심'이라는 명령에는 오늘날의 반-기독교적인 의미도 녹아들어 있습니다.[19] 이 명령에 들어 있는 모호성은 흔히 모두 자신을 희생양이라고 강변하는 광범위한 분쟁으로 연결되고 있습니다. 묵시록적인 맥락에서 우리 시대를 이런 의미로 이해해도 될까요?

---

19 René Girard, *Je vois Satan tomber comme l'eclair*, op.cit., pp. 249~61 참조(『나는 사탄이 번개처럼 떨어지는 것을 본다』, 문학과지성사, 2004—옮긴이).

지라르: 제가 보기에, 희생양에 대한 근심에는 긍정적인 의미와 함께 부정적인 의미도 들어 있는 것 같습니다. 모든 것이 좋거나 나쁘다고 주장하는 관념 체계인 이데올로기에서 잘못이 나오고 있습니다. 희생양의 무고함을 폭로한 것은 기독교의 진정한 업적으로서 지금 우리 시대에 와서 꽃을 피우고 있습니다. 그러나 지난 세기에는 이 업적이 새로운 희생양의 원인이 될 수도 있었기 때문에 그 효능이 모호한 것처럼 보이기도 하였습니다. 최근의 책에서 저는 이 문제와 관련하여 병원이나 의료에 관한 배려, 사회적인 법 등의 설립을 꼭 부정적으로, 즉 최악의 경우 이것들은 충분하지 못하거나 잘못 쓰일 수 있다고 볼 필요는 없다고 말한 적이 있습니다. 이런 제도들이 문제인 것이 아니라 너무 만연해 있는 희생양 감정의 요구가 문제입니다. 이런 감정은 결국 자연법과 인간관계를 조절하는 모든 법과 배치되게 됩니다. 금기가 금지되어 있다면 저는 제 옆 사람이 소유하고 있는 것을 욕망하고 열번째 계명을 무시할 수도 있을 것입니다. 그 까닭도 모른 채 우리는 갈등과 분쟁의 한가운데에 와 있는 형국입니다.

4. 가톨릭 교회와 오늘날 세계

바르베리: 선생님은 가톨릭 교회를 그리스도 가르침의 증인처럼 보고 계시는 것 같습니다. 하지만 가톨릭 교회는 세속 법의 수문장 역할을 하고 있다고 종종 비난을 받고 있습니다. 다시 말해 폭력의 제도적인 신성화에 대해서 아무 말이 없다고 말입니다. 이런 말을 들으면 저는 특히 종교재판소 생각이 납니다만……

지라르: 그 말을 들으니 미국 사람이 다 된 한 이탈리아 사람

이 했던, 교회도 노동조합과 같다던 말이 생각나는군요. 그 말의 의미는 하위 노조가 아니라 더 강하고 더 오래된 노조에 가입해야 한다는 것이었습니다.

바르베리: 막스 베버를 비롯한 많은 사람들이 이렇게 말하곤 했습니다. "종교적 필요성이 있다면 왜 새로운 것을 찾습니까? 곧장 기존의 교회로 가십시오"라고 말입니다.

지라르: 기독교인들이 시류에 따라 생각해서는 안 될 것 같습니다. 하지만 그렇게 한다고 해도 동시대인들과 마찬가지로 그들도 용서받을 수 있다고 생각합니다. 기독교의 세계는 순서대로 연이어서, 처음에는 중세적이다가 그 다음에는 귀족적, 그 다음에는 부르주아적, 그리고 오늘날에는 대중적인 세계입니다. 폭력의 효능에 대한 믿음 속에서 살고 있다가 그 믿음이 갑자기 단절된 후에 사람들이 느꼈을 책임감을 상상해보기 바랍니다. 그들이 갑자기 20세기의 사람으로 변한다는 것은 불가능한 일입니다. 그들은 물론 온갖 비행을 저질렀습니다. 그러나 그런 비행은 사후에 그들 시대에서는 상상도 못했던 역사적인 뒷걸음질 때문에 그렇게 드러났습니다. 제 말은 교회는 항상 그 시대의 가능성에 다소 부응해서 기능하였다는 뜻입니다. 미국에서 출간된 한 문집에서 마녀 추방에 반대하던 스페인 종교재판소장의 편지를 읽은 적이 있습니다. 1600년경이었는데 아주 현대적인 정신을 가진 그 재판소장은 군중의 준동을 법적인 결정으로 막아야 한다고 생각하고 있었습니다. 당시의 종교재판은 군중에 대항하는 법의 입장을 대변하고 있었습니다. 그때부터 우리는 더 이상 종교재판을 행할 필요가 없어졌습니다. 물론 다 지나간 일입니다만 다음 사실은 잊지 말아야 합니다. 13세기 남프랑스의 알비주아 albigeois[20]파를 진압하던 전쟁에서 교황 이노센트 3세의 특사가

"모두 죽여라. 하나님이 그들의 죄를 알아보실 것이다"라고 말했던 것은 다른 이유가 아니라 알비주아 파 사람들이 자신들이 말하던 천국을 진정으로 믿었기 때문이란 것을 말입니다. 그들은 이들을 천국으로 조금 일찍 보내는 것이나 조금 늦게 보내는 것이나 별반 차이가 없다고 생각하였던 것입니다. 그렇지만 어쨌든 결정하는 것은 법이지 군중은 아니었습니다.

바르베리: 그건 정치적으로 올바르지 않은데요!

지라르: 네, 전혀 '정치적으로 올바르지' 않습니다. 하지만 나치와 공산주의가 생겨난 20세기에 들어와서도 종교재판 이야기를 하고 있는 것을 두고 사람들은 "정말 믿을 수 없는 일"이라고 말하고 있습니다. 오늘날 우리는 특히 언론에서 종교재판 이야기를 수천 번도 더 하면서 스탈린의 인민재판은 거의 거론하지 않다가, 지금 행해지고 있는 인민재판에 대해서는 일절 거론하지 않습니다. 저는 역사를 진지하게 받아들여야 한다고 생각합니다. 오늘날의 언론처럼, 모든 것을 평평하게 만드는 태도는 역사 의식이 절실히 필요한 때에 역사 의식을 완전히 상실한 사람들이 하고 있는 것입니다. 이것은 특히 진화론을 따르고 있는 천체물리학과 같이 역사화되고 있는 학문들 모두가 말하고 있는 것이기도 합니다. 저로서는 종교에 들어 있는 근본적으로 역사적인 면을 증명해보려고 애쓰고 있습니다. 우리는 종교재판을 기독교적 가치의 이름으로 비난하고 있습니다. 그러나 『일리아스』 스타일과 거의 흡사한, 일련의 살인 사건으로 점철되어 있는 『마하바라타』[21]의 이름으로는 종교재판을 비난할 수는 없을 것입니다.

---

20 13세기 초, 남프랑스의 알비Albi와 툴루즈를 중심으로 활동하던 이단의 교파(옮긴이).
21 그리스의 대서사시라 불리는 『일리아스』 『오디세이아』의 8배 분량인 산스크리트 운문의 거작. '바라타 족(族)의 전쟁을 읊은 대사시(大史詩)'란 뜻으로, 바라타 족에 속한 쿠

이 말은 오늘날 어떤 유형의 희생양이 무고하다는 것을 인정할 수 있다는 사실이 아주 특별한 것이라는 것을 의미합니다. 그것은 우리 시대의 능력입니다. 이 능력이 얼마나 강한가 하면, 우리는 이를 완전히 새로운 어떤 것이라고 느끼지 않고, 12세기의 우리 선조들은 말하자면 『르몽드』와 『뉴욕 타임스』와 같이 생각하지 않았기 때문에 죄인이라고 역사를 판단하고 있을 정도입니다. 이런 생각은 어떤 면에서는 옳습니다. 가르침을 전하는 기록 덕분에 기독교인들은 다른 이들보다 앞섰던 게 사실일 것입니다. 사실 우리는 거의 같은 리듬에 맞추어 전진해왔습니다. 그래서 우리는 실수를 저질렀으며 이런 역사적 시각에서 교황이 용서를 구한 것이 저는 옳다고 생각합니다. 보수주의자들이라면 사람은 모두 다 그런 식이라고 말할 것입니다. 물론입니다. 하지만 그것만으론 부족합니다. 아마 그랬다면 기독교인들은 성서를 지금과는 다르게 이해했을 겁니다. 물론 이해한 사람들도 있었습니다만 발언권이 없던 그들은 정책 결정에 관여하지 못했습니다.

바르베리: 선생님의 말씀을 들으니 이런 질문을 드리고 싶군요. 많은 사람들이 제기하였으며 최근에는 유대인 신학자 야콥 타우베스[22]가 주장하는 것과 같이, 가톨릭 교회의 제도적 측면과 예언적 측면이 모순되어 있다고 말할 수 있을까요?

지라르: 마치 가톨릭 교회가 지금도 우리의 삶을 지배하고 있고, 우리가 1년에 두 번씩 교회에 가서 빠뜨리지 않고 십일조를

르 족과 반두 족의 분쟁으로 18일간의 큰 싸움이 벌어져 반두 족이 승리하는 이야기가 큰 주제이다. 신화 · 전설 · 종교 · 철학 · 도덕 · 법제 · 사회 제도 등에 관한 삽화(挿話)가 많이 들어 있는데, 이 삽화들은 후세의 사상 · 문학에 자료를 많이 제공하여, 인도 국민의 정신 생활에 크게 영향을 끼쳤을 뿐만 아니라, 인도 문화가 보급됨에 따라 동남 아시아의 인형극 · 그림자 연극에도 자주 채택되었다(옮긴이).

22 Jacob Taubès(1923~1987): 오스트리아 빈 태생의 유대계 독일 신학자(옮긴이).

내고 있고, 교회의 종교재판이 우리의 일상을 지배하고 있는 양, 사람들은 가톨릭 교회의 제도적인 면을 이야기하려 합니다. 그러나 알다시피 가톨릭 교회에는 지금 더 이상 권력이 없습니다. 그러므로 이런 말들은 모두 현실에 주목하고 싶지 않은 사람들을 위한 유령 같은 주장일 뿐입니다. 교회도 하나의 관리 기구입니다. 그래서 당연한 말입니다만 제도가 없으면 더 이상 교회도 없습니다. 교회 제도의 위기는 지금도 확인되고 있습니다. 오늘날과 같은 이런 양상 아래에서는 교회의 율법이 결코 존재할 수 없기 때문입니다. 교회의 첫 천년을 교회 형성기의 공의회 시기라 한다면, 1054년경의 동방교회의 분열과 함께 시작된 두번째 천년은 점진적인 해체의 시기라 할 수 있고, 그 뒤 세번째 천년인 지금은 종교 개혁이 해체되는 시기라 할 수 있습니다. 개신교 종파는 지금 수천 개에 달하고 있어 말 그대로 산산조각 났다고 할 수 있습니다. 물론 새로운 교회 중에는 과거의 교회보다 정신적인 비약을 더 많이 하는 교회도 있습니다.

바르베리: 마치 이 세상의 모든 불행에 대해 교회가 책임이 있는 것처럼, 다시 말해 교회가 유죄인 것처럼 착각하면서 교회를 '신화화'하고 있다고, 교회가 처한 역사적인 정황을 강조하시는 선생님의 말씀을 듣고 보니 일리가 있군요. 그렇지만 선생님께서는 인간의 근본적인 무질서와 관련해서 기독교가 특별히 기여한 것은 무엇이라고 생각하십니까? 혹시 자신은 예외라고 기독교가 스스로를 합리화하는 것은 아닐까요?

지라르: 이처럼 중요한 문제에 대한 흥미를 좀처럼 감출 수가 없습니다. 가톨릭 신도들은 제가 교회의 이론을 갖추고 있지 않다고 자주 비난하곤 하는데, 어떤 면에서 보면 맞는 말입니다. 제가 신학자도 아니고 교회론자도 아니기 때문입니다. 그렇지만

교회가 희생양 취급을 받을 때는 교회를 옹호해야 한다고 생각합니다. 가톨릭 입장에서 볼 때 그것은 정말 말도 되지 않는 것이기 때문입니다. 사람들이 오늘날의 문제가 과연 무엇인지를 알고 있다면 교회는 그런 취급을 당하지 않을 것입니다. 교회는 정말이지 라퐁텐 우화에 나오는 이젠 다 늙어서 모든 이로부터 발길질을 당하는 사자와 같은 형국입니다. 마지막에 당나귀가 발길질을 하자 사자는 저항을 합니다. 저는 이 당나귀 같은 역할은 하고 싶지 않습니다. 당신의 질문으로 돌아가서 생각해볼 때, 교회의 정당성은 그리스도와의 연관성에 있다고 생각합니다. 가령 바울은 이를 잘 알고 있었습니다. 제가 바울에게서 놀란 것은, 시대는 달라도 많은 사람들이 로마 교회에서 보는 것과 똑같은 문제를 베드로에게서 보고 있었다는 것입니다. 베드로보다 더 근본적인 그는 베드로에게 훈계를 하거나 종종 엄하게 비난까지도 합니다. 하지만 그는 결국에는 항상 베드로의 말을 따르는데, 그것은 그리스도가 베드로를 아주 분명히 자신의 대변자로 지목했다는 것을 알고 있었기 때문입니다. 그는 즉시 중요한 것이 무엇인지를 알아차리고서는 전통을 인정했던 것입니다. 당시로서는 기껏 사반세기밖에 되지 않은 전통인데도 말입니다! 그는 전통의 역할을 잘 알고서 그것이 시키는 대로 행동했습니다. 만약 그렇지 않았다면 기독교는 결코 존재하지 못하고, 곧 흩어지고 말았을 것입니다. 로마 기독교와 동방교회를 제대로 이해하려면 바울을 생각해야 합니다. 바울은 베드로에 비해 더 강직하고 배운 것도 더 많고 견식도 더 넓었지만 그는 항상 베드로의 고집 앞에 굴복하였습니다.

바르베리: 어떤 토론회에서 누군가가 신경질적인 어조로 "아우슈비츠 이후에 어떻게 지라르를 논할 수 있는가?"라고 물었던

적이 있습니다.

지라르: 저는 우선 시간의 문제가 있다고 대답하겠습니다. 아닌 게 아니라, 아우슈비츠 '이전에는' 어떻게 지라르를 논할 수 있었겠습니까? 많은 사람들이 이런 말을 하고 있는데, 토론회 같은 자리에서 그 효과는 적지 않습니다.

바르베리: 선생님의 연세가 의심스럽습니다. 시간을 전도시키는 선생님의 재치는 정말 대단하십니다. 그런데 선생님의 방금 말씀의 진짜 의미는 무엇인가요? 혹시 유대인 대학살이 있고 난 후에는 도덕적으로 어떤 다른 희생양도 거론할 수 없다는 뜻인가요?

지라르: 최근에 나온 제 책의 니체에 관한 장(章)에서 저는 반유대주의와 나치즘을 이야기한 적이 있습니다. 그래서 다시 되풀이하는 것보다는 그 부분을 참조하도록 하는 것이 더 나을 것 같습니다. 하지만 희생양에 등급을 매기는 것이 과연 어떤 결과를 갖고 올 건지 따져볼 필요는 있을 것 같습니다. 그러다 보면 아마 고대의 케케묵은 모델로 되돌아가고 말 것입니다. 유대교의 보편성은 유대인들이 그들과 유사한 어떤 것의 본보기라는 사실, 즉 그들은 역사상의 모든 희생양들과 닮았다는 사실에서 나오고 있습니다. 그들이 처한 입장을 어느 한 민족의 일로 치부하는 것은 그들의 보편주의를 제거하는 것과 같습니다. 유대교는 지금 지역적이고 민족학적이고 다문화주의적인 요구로 축소됨으로써 그것의 온전한 의미가 위협받고 있습니다. 이스라엘을 이런 식으로 해석해서는 안 된다고 저는 생각합니다. 그 반면에 이 민족이 선택받았다고 하는 것은 전체에 대한 책임을 상징하고 있다고 생각합니다. 이스라엘을 개별화시킴으로써 그 보편적인 측면이 사라지게 하는 것은 반유대주의라는 모방적인 전복을 낳는

본질적인 측면을 없애버리는 것과 같습니다.

영미권에는 다른 지역에는 그 예를 찾아볼 수 없는 금기가 하나 있습니다. 미국에서는 그것이 어떤 견해이든 간에 그것에 대해 법적으로는 비난하지 못한다는 금기가 그것입니다. 몇 년 전에 시카고 교외의 유대인 동네에서 신나치주의 시위가 있었는데, 물론 이 시위는 많은 비난을 받았지만 무사히 진행될 수 있도록 경찰의 호위를 받았습니다. 이런 점에서 저는 약간은 미국식인 것 같습니다. 사람들이 말하는 것을 막는 법은 썩 좋은 것 같지 않습니다. 결코 좋은 결과를 얻지 못하기 때문입니다.

바르베리: 역사적인 사실을 말하는 것을 금지하는 정치적, 도덕적 그리고 법적인 금기는 우리 문화가 잃어버렸거나 아니면 적어도 너무 많이 써서 거의 고갈되어가는 터부를 대신하고 있는 것은 아닐까요?

지라르: 그런데 이런 종류의 조치들이 행해지는 것은 항상 더 많은 인류의 이름으로 희생양을 막기 위해서인 것 같습니다. 그러나 이런 터부는 기독교 가르침의 명령과는 상반되고 있습니다. 이것은 마치 예전에 희생양을 만든 사람을 희생양으로 취급하면서 고대 종교를 초월한다고 여기지만 실은 바로 거기에 빠지고 있는 것과 같습니다.

바르베리: "아우슈비츠 이후에 어떻게 지라르를 논할 수 있는가?"라는 아까 그 질문은 단순히 지라르와 기독교를 일치시키고 있다는 식으로 해석할 수는 없을까요? 기독교가 밝혀낸 것 때문에 기독교 또한 희생양이 되었다고, 최근의 책에서 선생님이 썼던 그 내용의 좋은 예가 될 것 같은데요.

지라르: 제발 저를 기독교와 동일시하지 마시기 바랍니다. 기독교는 이제 유일하게 가능한 희생양, 그러므로 우리 세상 통일

을 위한 실질적인 요인이 된 것 같습니다. 기독교적인 의미를 가진 표현을 전혀 쓰지 못하게 한 미국 최고법정의 조치에서 우리는 이런 것을 잘 볼 수 있다고 생각합니다. 보편성을 더 많이 갖고 있다는 것 때문에 기독교는 다른 종교에 비해 더 특별한 표적이 되고 있습니다. 이런 추세는 더 널리 전파되고 또 더 강화될 것입니다. 이런 추세를 낳는 상황이 줄어들기는커녕 더해만 가고 있기 때문입니다. 지금까지 사람들이 전체주의적인 유혹이 있다고 교회를 비난하던 것이 이제는 완전히 역전이 된 셈입니다. 오늘날에도 희생적인 것이, 비록 사소하긴 하지만 여전히 위험하고 갈수록 더 많은 것을 보여주는 식으로, 여전히 지속되고 있다는 것을, 우리는 이런 대목에서 잘 느끼게 될 겁니다. 게다가 역설적이지만 해체, 개별화, 다문화주의 등과 같은 오늘날의 상황은, 우리가 이런 상황을 막을 수 있는 유일한 방편인 기독교의 보편성을 알아낼 때에만, 그리하여 그 가르침을 따를 때에만, 벗어날 수 있을 것입니다. 가끔 저는 이것이 마지막 방편인 것 같다는 느낌이 들기도 합니다. 그래서 이것이 무너지고 나면 종말이 올 것 같은 느낌 말입니다. 이런 상황을 막을 수 있는 다른 방편은 전혀 생각나지 않는군요.

바르베리: 교황 비오 12세가 유대인 대학살을 반대하지 않았다는 비난을 받고 있는 것에 대해 선생님은 어떻게 생각하십니까? 선생님은 혹시 다른 경우와 마찬가지로, 이것은 어떤 정황에 의한 특별한 경우인데 그 정황에서 떼어내서 교회 전체가 박해자의 성격이 있다고 일반화시키는 것이라고 생각하시는 건가요?

지라르: 저는 이것도 우리가 방금 이야기하던 그런 태도와 연관이 있다고 생각합니다. 당시 나치 치하에 있던 그 교황에게는 두 가지 가능성이 있었을 겁니다. 첫번째 가능성은 교황권이 파

괴되는 것을 막기 위해 독일과 관계를 유지하면서 몰래 유대인들을 돕는 것이며, 두번째 가능성은 나치의 만행을 공개적으로 천명하면서 그 결과를 떠안는 것입니다. 교황이 두번째를 택하였다면 물론 정말 좋았을 겁니다. 그러나 그는 수많은 근거로 그렇게 하지 않았습니다. 그 근거들은 아마 나쁠 수도 있습니다. 그러나 분명히 악마적인 것은 아닐 것입니다. 교황이 아주 엄청나게 많은 사람들에 대한 책임을 지고 있었다는 사실도 고려해야 할 겁니다. 또 독일에서 오래 산 적이 있던 그는 독일 문화를 좋아했는데, 이 사실 또한 그에 대한 수많은 비난의 원인이 되기도 했습니다.

바르베리: 그렇지만 그런 사실은 어떤 사람을 친-나치라고 비난하는 충분한 이유는 못 될 것 같은데요.

지라르: 네, 맞습니다. 더군다나 최근에 라트징거 추기경에 반대하는 논쟁에 담겨 있는 것이 바로 그런 정신입니다. 독재자 소리를 듣고 있는 그 라트징거 추기경 말입니다! 그를 만난 적이 있으시죠?

바르베리: 네, 아주 좋은 상황에서 그를 한 번 만났던 것 같습니다. 소르본에 강연을 하러 온 적이 있는데, 그때 저는 오히려 그의 지성의 에너지를 보았던 것 같습니다.

지라르: 네, 그는 아주 재주가 많고 분명 매력적인 사람입니다. 그러나 어떤 미국인들에게 이 사람은 괴벨스와 스탈린을 합친 아이히만보다 더 나쁜 사람으로 취급되고 있습니다.[23] 그러나

---

23 괴벨스Paul Joseph Goebbels: 1933년 나치스가 정권을 잡자, 국민계발선전장관·문화회의소 총재로서 문화 면을 완전히 통제하고 국민을 전쟁에 동원한 나치 최고 전범.
아이히만Adolf Eichmann: 유대인 학살 책임자. 게슈타포에서 유럽 전역에 있는 유대인들을 폴란드에 있는 강제수용소에 집결시켜 이들을 몰살시키는 임무를 수행한 최고 전범으로, 아르헨티나에서 1960년에 이스라엘 정보기관 모사드에 의해 체포됨(옮긴이).

그는 평판이 나빠질 것을 무릅쓰고 모든 사람들에게 반대하고 또 가톨릭 신학자들의 한계를 주장할 정도로 용기를 갖고 있는 사람이라는 것을 당신은 이해하실 겁니다. 게다가 그는 가톨릭의 이 한계는 우리 자신이 스스로를 정당한 가톨릭 신자라고 여기고 있는 한 제대로 극복할 수 없다고 주장하고 있습니다. 그는 누구에게도 무엇을 강요하지 못합니다. 왜냐하면 누구든지 자기 의지를 거스르면서 억지로 교회 안에 머물러 있게 할 수 없기 때문입니다. 그는 교회가 항상 하던 말을 되풀이할 뿐입니다. 그는 또 눈앞의 것에 대한 자신의 불안을 이야기합니다. 이런 그의 행동을 본 사람들은 이런 생각에 깊이 빠져들 겁니다. 사실 그가 얻은 것은 무엇일까요? 왜 그는 교회가 한 말을 되풀이하였을까요? 정말로 그는 어리석은 짓을 하고 있는 것일까요? 제가 보기에는 그렇지 않은 것 같습니다. 그럴듯하지가 않습니다. 교회의 사제는 오늘날 어떤 실질적인 권력도 갖고 있지 않은 교회의 이름으로 말하고 있습니다. 그것이 자신의 의무라고 생각하고 있을 뿐입니다. 그 이상도 이하도 없습니다.

　기독교 통합 운동을 가톨릭 교회의 포기로 혼동하고 있는 교회 사람들은 그런 운동이 더 이상 일어나지 않기를 내심 바라고 있습니다. 교회가 오늘날처럼 자주 희생양 노릇을 하였던 때는 없었습니다. 여기서 우리는 이런 사실이 과연 무엇을 의미하는지 그 상징적인 의미를 잘 보아야 합니다. 아마 이 세상과 자신의 적들과의 타협에서 잃게 될지도 모를 그런 것들 때문에 교회는 그리스도와 같은 역할을 할 수밖에 없을 것입니다. 여기서 교회의 진정한 소명(召命)이 드러나는데 이 소명은 이 시대의 나태와 퇴폐를 뒤흔들어 떨쳐낼 것입니다.

　바르베리: 기독교에서 특히 그리스도라는 역사적 인물이 폭력

의 정체를 폭로한 사실은 중시하면서, 희생양에 대한 최근의 배려를 두고는 왜 복음서의 메시지를 실제로 완성한 것으로는 보지 않는 걸까요?

지라르: 기독교는 물론 그런 것과는 전혀 다릅니다. 그리고 우리로서는 그 능력을 헤아릴 수가 없습니다. 하지만 희생양의 옹호는 오늘날에 와서 밝혀진 본질적인 면입니다. 이 희생양 옹호에 관해서는 최후의 심판에 관한 마태의 우화가 의미심장한 것을 가장 많이 담고 있습니다. 악의 세력이니 선의 세력이니 하는 말은 하고 싶지 않습니다. 저에게는 그것들을 분리할 권리가 없습니다. 물론 희생양 옹호는 사실 다른 희생양을 찾기 위해 위장한 것일 수 있습니다. 하지만 저는 이것이 오히려 하나의 기이한 혼합체라는 느낌이 자꾸 듭니다. 거기에 뛰어든 자들의 행동이 어떤 면에서 의심스러운 것이라 해도 그들을 비난하는 일은 그래서, 저로서는 정말 어렵습니다. 하지만 참여에 관해서 결정적인 말을 하고 싶지는 않군요. 거기에 무슨 비법이 있는 것은 아니니까요.

바르베리: 우리 세계는 지금 획일화된 문화를 향해 치닫고 있으며 그 결과 '희생양 관습과 관련된 방책이 점차 약화되고 있습니다. 그와 마찬가지로 국가 사이의 국경도 소중한 보호책인데 폭력이 늘어나는 요즘 시대에 이 보호책 또한 점점 약해지고 있습니다. 선생님이 보시기에 코소보 사태와 같은 최근 분쟁에서 이런 양면성이 무슨 역할을 하고 있는 것 같습니까?

지라르: 맞습니다. 유고슬라비아 사태에서 잘 볼 수 있는데, 국경의 기능은 장-피에르 뒤피Jean-Pierre Dupuy가 잘 밝히고 있는 두 가지 의미로 폭력을 억제하는 것입니다. 국경은 폭력을 억제합니다. 그러나 그것은 또 다른 폭력을 통해서 그러합니다.

국가 사이의 한계를 무너뜨리는 것은 전쟁 위험인 동시에 평화의 기회입니다. 또 이것은 더 많은 자유인데, 이 자유는 결국 더 많은 선으로도 이어질 수 있지만 동시에 더 많은 악으로도 이어질 수 있습니다. 여기서도 저는 일반적인 말만 할 수밖에 없군요. 구체적인 사건과 대면하면 제가 다소 보수적이고 희생적이 되는가 봅니다.

바르베리: 우리에게 한계는 필요하지만 그 한계를 위반하는 것 또한 필요합니다. 그래서 선생님은 모든 종교가 폭력을 제어하는 것을 강조하셨던 것입니다. 그런데 다른 한편으로 생각해보면, 선생님은 또한 인류의 역사에 기록되어 있듯이, 폭력을 피할 수 없다는 것을, 다시 말해 스캔들을 피할 수 없다는 것 또한 강조하고 있는 것 같은데요.

지라르: 물론입니다. 인간의 야망은 서로 모순적입니다. 한편으로 보면, 인간 야망은 다양한 모습을 하고 있으며 또 다양한 정도의 폭력도 들어 있습니다. 그 결과는 사소한 것이 아닙니다. 가령 우리는 직장 같은 데서 '희생양'이라는 말을 많이 사용하지만 그것은 분명 희생자를 죽이는 것과는 다른 것입니다.

바르베리: 인류는 스스로를 점점 더 자유로운 존재라고 여기고 있습니다만 그와 동시에 종교는 더 필요로 하고 있습니다. 미래의 종교는 어떤 모습일까요?

지라르: 아마 예전과 같은 종교는 더 이상 만들지 않을 것입니다. 나치가 이미 끔찍한 형태로 그렇게 하였기 때문입니다. 하이데거를 읽을수록 저는 만물의 아버지이자 왕인 헤라클레이토스의 폴레모스[24]라는 것도 결국은 이교도 식으로 초석적 살해를 드

---

[24] polemos. '투쟁'이라는 의미의 그리스어. 헤라클레이토스는 투쟁을 만물의 보편적 법칙으로 파악했다(옮긴이).

러내고 있는 것은 아닐까 하는 생각을 하게 됩니다. 하이데거는 이를 눈치 챘던 모양입니다. 하지만 그는 이것을 나치의 구체적인 폭력과 결부시켰습니다. 그는 아마도 나치의 신이교도적인 특징을 우리의 정신 건강과 종교 부흥을 위한 하나의 조처로 여기고 있었던 모양입니다.

바르베리: 소련의 몰락과 함께 서양 세계는 하나의 문화적 변화를 겪고 있습니다. 정치적으로 옳다는 식의 공식적 진실에 적합하도록 역사를 다시 쓰는 작업, 즉 이념적으로 정당화된 역사가 시작된 것이 그것입니다. 구소련에서 처음 행해지던 이런 관행이 지금은 아무런 거리낌도 없이 또 어떠한 이의도 없이 지구 전체로 퍼져나가고 있는 것 같습니다.

지라르: 마르크스주의에 휴머니즘적 태도가 많이 들어 있다는 것은 널리 알려져 있습니다. 마르크스주의는 특히 그 원칙에 있어서 종교적 가치와 가깝다는 것 또한 잘 알려져 있습니다. 지금, 마르크스주의는 훨씬 더 근본적인 문화적 혁명으로 대체되었습니다. 이 문화 혁명은, 사회의 가장 본질적이며 가장 심층적인 구조들에까지, 그중에서도 특히 가족에까지 도달함으로써 마르크스주의를 완전히 몰아내는 데 성공한 것 같은 민주화된 사회를 포위하고 있습니다. 민주화된 사회들은 지금 완전히 무장 해제되어 있습니다. 이렇듯 마르크스주의의 종언은 희생제의적 질서 해체의 새로운 단계를 나타내고 있습니다. 1965~1970년대 이전만 해도 전쟁은 희생 효과를 갖고 있었습니다. 이 변화는 프랑스에서는 1968년에 일어났고, 다른 곳에서도 모두 비슷한 시기에 일어났습니다. 그 후로는 더 이상 세계적인 현상이 없습니다.

바르베리: 하지만 세계화는, 분명 자신을 지키려는 방어적인 반응으로 문화적으로 다양한 소속감을 되찾으려는 의지와 염원

을 부추기고 있지 않나요?

지라르: 프랑스에서 이런 지역주의는 브르타뉴, 바스크, 그리고 코르시카 지방에서부터 시작되었습니다. 장-피에르 슈벤느망 내무장관이 물러난 이유는, 그가 코르시카에 제안한 자율권이 다른 지역으로도 전파될 수 있다는 사실 때문이었습니다. 나라를 지키는 장관들에게는 국가의 권력이 중요한 것이지요. 저는 처음에 그렇게 생각했습니다. 하지만 제가 보기에는, 예컨대 프랑스 같은 나라에서는 소비 사회의 근심과 같은 오늘날의 일반적인 근심에 비추어 볼 때 스페인과 비슷한 운동이 일어날 수 있을 것 같습니다. 국가에 비해서 지역주의는 퇴행적인 면이 많은 것일까요? 물론 이런 추세가 유럽 전역으로 퍼지면 미국의 힘을 강화시켜주는 결과를 낳게 된다는 말은 사실입니다. 인도네시아가 좋은 예일 겁니다. 이 나라에서 폭동이 일어날 요인은 아주 많이 있습니다만 지금 불길에 휩싸일 위험이 있는 것은 바로 3천여 개에 이르는 섬들입니다. 이런 분열은 세계 어디서나 일어날 수 있지만 미국에서는 그러하지 않습니다. 왜냐하면 미국은 이런 나라들과는 달리, 지역도 없고, 진정 차이가 나는 지역 문화도 없는 반면에 아주 대단한 유동성을 갖고 있는 나라이기 때문입니다. 현재 미국이 갖고 있는 로마 제국과 같은 이런 측면은 더 강화될 것이라는 게 제 생각입니다. 이 나라에서는 모든 것이 세계 지배의 방향으로 나아가고 있는데, 어디에서든 테러와의 전쟁을 펼칠 당위성도 그중의 하나일 것입니다.

5. 인간화, 다윈 이론으로의 회귀

바르베리: 선생님이 최근에 내신 책에 대해 어떤 독자들은 선생님께서 오늘날 세계의 특징인 과학적이고 인간적인 희망의 기대를 포기한 것으로 보고 있습니다. 이 비평가들은, 과거에 매이기보다는 이런 비약을 따라서 미래의 이름으로 말을 하는 것이 더 많은 결과를 얻을 수 있고 또 선생님 이론이 더 진전할 수 있는 더 나은 방법이라고 보고 있나 봅니다. 이 같은 평에 대한 선생님의 생각은 어떠신지요?

지라르: 그런 시각은 잘못된 것이라고 생각합니다. 그리고 실은 지금까지 한번은 살펴봤어야 했는데 정작 그러지 못했던 것이 하나 있는데, 그것은 모방이론이 자연선택을 통한 인간화 과정을 설명할 수 있는 능력이 있는가를 따져보는 것입니다. 저로서는 여기에 관해 몇 가지 생각을 갖고 있습니다만, 아직 완전한 것은 아닙니다. 다윈 이론은 지금도 많은 연구가 행해지고 있는 아주 살아 있는 영역입니다. 생물 진화의 최종 단계에 문화의 형태가 들어 있다고 보는 것도 여기서 나오는데, 모방이론은 여기에 아주 잘 들어맞아 인간 진화 과정의 설명을 잘 보완해주고 있습니다. 이런 시각은, 동물 연구를 인간보다 앞선 모방 현실을 이해하는 중간 과정으로 보지 않던 19세기 인류학의 시각과는 전혀 다른 시각입니다. 어떤 사람들은 제가 19세기에 머물러 있다고 비난하는데, 이들은 모방이론이 비교행동학에 뿌리를 두고 있다는 것을 보지 못했기 때문입니다. 바로 이런 이해 부족 때문에 이들은 초석적인 집단 폭력을 잘 받아들이지 못하고 있습니다. 저의 이론은 분명 독일 관념론 그리고 해체와 같은 후기관념

론과는 아무런 관련이 없습니다. 제 이론은 현실, 즉 '레페랑'[25]으로 되돌아가는 것입니다. 저는 레페랑은 참 대단한 말이라고 생각합니다. 현실이 문제가 되고 있을 때에도 현실과의 직접 접촉을 피하려고 언어학적 허무주의가 사용하는 핀셋 같은 것이 바로 이 말이라고 저는 생각합니다.

바르베리: 최근 들어서 선생님 이론에 대한 두 가지 비판이 일어나고 있는데, 하나는 사회적·심리적 성격의 비판으로 선생님이 인간을 보는 시각이 너무 부정적이고 비관적이라는 것입니다. 여기서는 인간들이 서로에게 해를 끼칠 때에만 서로 화해할 수 있는가, 하는 것이 문제가 되고 있겠지요. 또 다른 비판은 그리스도의 희생을 선생님이 오로지 공동체 화해라는 인류학적인 의미로만 보고 있다는 신학적인 비판입니다. 이 비판들은 모방 욕망과 희생양 기능의 관계에 대해 다양한 관점에서 이의를 제기하고 있습니다. 이런 이의 제기에 대해 어떻게 생각하십니까?

지라르: 정확하게 말하면 이의는 아닌 것 같습니다. 제가 하고 있는 작업에 대해 좋게 보지 않는 사람들이 많이 있습니다. 물론 그것은 그들의 권리입니다. 누구도 그들에게 제 책을 읽으라고 강요할 수는 없습니다. 특히 제가 그렇게 할 수 없다는 것은 더 말할 나위도 없겠지요. 하지만 그 사람들은 제 방식의 의미를 전혀 깨닫고 있지 못한 것 같습니다. 저는 우선 새 천년이나 새 십년을 위해 자신의 주장을 내세우는 그런 프랑스 지식인의 한 사람이 아닙니다. 저는 단지 한 사람의 탐구자이며 제가 찾았다고 여기는 것이 옳다고 생각하고 있을 뿐입니다. 그러므로 저는 고객들을 만족시키기 위해서는 다소간의 낙관론이 필요하다고 해

---

25 referent(지시체). 언어(기표와 기의)가 지시하는 현실 속의 대상(옮긴이).

서 제가 찾은 것을 고치는 일은 없을 것입니다.

바르베리: 선생님께서는 스스로가 기독교인이면서 다윈주의 사상가의 한 예라고 말씀하신 적이 있으시지요?

지라르: 우리는 집단 폭력의 메커니즘을 어떤 시대에 국한해서 생각하는 것이 아닙니다. 그렇게 생각하는 것은 좀 터무니없어 보입니다. 지배망이 사라지는 그 순간부터 지배망에 근거해 있던 사회는 사라지거나 혹은 성스러운 단계로 넘어갑니다. 그렇게 되면 성스러움만이 사회를 구할 수 있는데, 성스러움이 폭력을 배설할 수 있는 금기와 제의를 만들어낼 수 있기 때문입니다. 그러므로 우리는 고대 종교를 자유나 모럴이라는 측면이 아닌, '자연선택' 메커니즘이라는 측면으로 보아야 합니다.[26] 리처드 도킨스는 『이기적 유전자』에서 반진화론자들이 보지 못했던 것을 완전히 파악하고 있습니다.[27] 지질학 시대는 역사 시대와 아무런 관련이 없다는 것 등이 그것이지요. 처음에 종교를 만들었던 것이 동물과 인간의 중간 단계라고 볼 수 있습니다. 제 책 『폭력과 성스러움』은 수천만 년의 시간, 즉 인간으로서는 상상할 수 없는 기나긴 시간을 전제로 하는 진화의 분위기를 충분히 살리지 못했던 것 같습니다. 만약 이 책을 다시 쓴다면 이 책은 진화의 차원에서 우연성이 다양하게 작용하는 것을 보여주는 전혀 다른 책이

---

26 『문화의 기원』에서도 암시되듯이, 르네 지라르는 자신의 방법을 찰스 다윈의 것과 같은 것으로 간주하고 있어, 진화론 개념인 '자연선택'을 강조하고 있다(옮긴이).

27 Richard Dawkins, *The Selfish Gene*, Oxford University Press, 1976(홍영남 옮김, 『이기적 유전자』, 을유문화사, 1993). 리처드 도킨스는 '인간은 유전자의 꼭두각시'라고 선언하면서, 인간은 유전자에 미리 프로그램된 대로 먹고 살고 사랑하면서, 자신의 유전자를 후대에 전달하는 임무를 수행하는 존재라고 보았다. 그의 생각은 '인간의 행동을 결정하는 것은 유전자이다. 이 유전자는 이기적인 특성을 지닌다' 등으로 요약될 수 있다. 이러한 주장을 가리켜서 '유전자 결정론'이라 부르기도 한다. 그에 따르면, 인간을 포함한 생명체는 DNA 또는 유전자에 의해 창조된 기계에 불과하다. 그리고 그 기계의 목적은 자신을 창조한 주인이라고 할 수 있는 유전자를 보존하는 것이다(옮긴이).

될 것 같습니다. 왜냐하면 죽음은 '나쁜' 우연을 모두 제거하기 때문입니다. 우리는 희생양 메커니즘을 생물학적으로나 문화적으로 좋은 변화를 일으키는 원인으로 생각할 수 있습니다.

바르베리: 역사 시대를 만들어낸 것이 우연의 반복 때문이라는 말씀인가요?

지라르: 진화에는 언제나 시간이 필요한 법입니다. 우선 수십억 년이 걸리고 그 다음으로는 수백만 년, 수십만 년의 세월이 걸립니다. 하지만 수십만, 수백만 년의 시간은 언제나 우리가 생각할 수 없는 시간들입니다. 사람들은 자연선택 이론을 제대로 이해하지 못했습니다. 그들은 이것을 온갖 실수와 나쁜 오류와 우연이 그대로 전달되는 어떤 텍스트에 대한 계속되는 베끼기로 이해하였기 때문입니다. 그들은 잘못 알고 있었습니다. 자연선택에서는 '나쁜' 우연은 모두 자동적으로 제거됩니다. 그것들은 소멸하거나 그렇지 않으면 다음 세대로 전해지지 않습니다. 그리하여 '좋은' 우연만이 남게 됩니다. 아직도 어떤 사람은 '좋은' 우연이 많이 남아 있지 않다고 이의를 제기할지 모릅니다. 하지만 그것은 그들이 백만 년의 세월이 과연 어떤 것인지, 그리고 이런 차원에서의 우연이라는 것이 1백 년, 2백 년의 인류 역사에서의 우연과는 문자 그대로 차원이 전혀 다르다는 것을 깨닫지 못하기 때문입니다. 이런 생각이 꼭 진실이라는 말은 아니지만, 적어도 수긍할 만한 것이라고는 생각합니다. 앞에서 말한 도킨스의 책의 한 장에서는 대상과의 거리를 알려주는 일종의 음파탐지기를 이용하는 박쥐를 보여주고 있습니다. 어떤 것이 유리하게 전달된다는 것만으로도 이 청각 레이더가 자연선택에 의해 충분히 발전될 수 있다고 생각하는 것은 정말 인상적입니다. 다윈은 우연히 맬더스의 『인구론』을 읽다가 자연선택을 발견하게 되

었습니다. 맬더스는 생물학적 법칙 하나를 발견하였는데, 이 법칙에 따르면, 넘쳐나는 과잉 인구는 자연히 점점 더 죽음을 향하게 되고, 이 죽은 자들은 인류 진화에서 긍정적인 의미를 얻게 됩니다. 왜냐하면 그들은 우리가 '나쁜' 우연으로부터 벗어나게 해주기 때문입니다. 아주 간단해 보이는 이런 추론이야말로 『폭력과 성스러움』에 들어갔어야 할 것입니다. 그렇게 되었다면 제도와 그 기원의 측면에서 집단 폭력이 가진 '긍정적인' 역할을 더 잘 이해할 수 있었을 것입니다.

바르베리: 하지만 그것은 『세상 설립 이래 감추어져온 것들』에서 부분적이나마 표명하셨던 생각 아닙니까?

지라르: 맞습니다. 그런데 문제는 그것이 무엇을 설명하는지를 이해하는 것이지요. 예컨대 우리는 인간이 큰 원숭이와 같은 영장류에 비해 자동으로 길들여졌음을, 다시 말해 인간이 아주 어리게 너무 일찍 태어난다는 특징을 갖고 있음을 알고 있습니다. 인간은 오랫동안 의존적입니다. 그런데 여기서 동물이 가축으로 변하는 과정을 진화론이 얼마나 잘 설명하고 있는지를 살펴봅시다. 진화론은 우리로 하여금 가축이 된 동물은 인간처럼 일찍 태어난 동물, 그래서 의존성이 강한 동물이라는 특징을 갖고 있다고 알려줍니다. 그러나 이에 관한 합리주의자들의 설명은 설득력이 없어 보입니다.

바르베리: 멜론은 사람들에게 먹이기 위해서 만들어졌다고 말하는 베르나르뎅 드 생-피에르 같은 사람의 생각 말이지요?

지라르: 네, 맞습니다. 여기서 가령 "이 동물들을 집에서 키웁시다. 몇 세대가 지나고 나면 우리 식생활의 욕구를 이놈들이 잘 채워줄 수 있을 것입니다"라고 말하는 고대인을 상상해봅시다. 정말 상상하기 힘들지 않습니까? 그래서 다른 모티프를 찾아내

야 하는데, 그 모티프가 바로 희생과 연관되어 있다는 것입니다. 인간이 자신의 집에서 동물을 키운 까닭은 어디에 있을까요? 그것은 물론, 희생양으로 사용하기 위해서입니다. 그러므로 인간에게 고기를 먹고 우유를 마시는 것 등을 가르쳐준 것은 바로 희생인 것입니다. 어떤 동물을 길들일 수 있을 때 그 동물을 가축으로 만든 것도 희생입니다. 그렇다고 이것이 정상적인 것이라는 말은 아닙니다. 가령 곰을 예로 들어봅시다. 곰은 누가 보더라도 가축으로 길들이기 힘든 육식동물이라서 우리는 희생제의로 되돌아갈 수밖에 없습니다.

바르베리: 원래는 희생되기 위해서 인간의 집에서 사육되던 동물이 가축으로 진화해가는 과정에는 그러므로 그 과정에서 생겨나는 우연과 문화적인 진화가 시대를 이어가면서 개입하였던 것이군요?

지라르: 그렇습니다. 『베다』의 기록은 희생이 무엇인지 정확히 알고 있었으며 또 매 순간 이를 말하고 있습니다. 19세기에 『베다』를 영어로 옮긴 영국인들 같은 그 시대의 해설가들은 인도인들에게 화를 냈습니다. 그러나 인도인들은 그들 나름대로 일리가 있었습니다. 프랑스어로 된 책으로는 이 시대의 위대한 인도학자인 실벵 레비가 쓴 『브라만의 희생 교리』라는 조그만 책이 있습니다.[28] 이 책에는 모든 것이 적나라하게 묘사되어 있습니다. 여기서는 짝패도 나오고 있고 결정적인 판단을 내리는 희생도 나오며 또 희생의 창조적인 성격도 등장하고 있습니다. 희생에 대한 설명은 정확히 말해서 실제의 진화와 연결되어 있습니다. 수십억 년 동안 희생을 되풀이한 결과 성스러운 왕이나 동물의 가

---

28 Sylvain Lévi, *La doctrine du sacrifice dans les Brâhmanas*, Paris, PUF, 1966.

축화가 나오게 되었다는 것이 그런 것입니다. 마찬가지로 인간
제도에 대한 설명도 희생에서 나오고 있습니다. 인도인들의 생
각이 옳았던 것입니다. 하지만 그런 것이 모두 일종의 자연선택
의 결과였다는 생각을 오늘날에 어떻게 주장할 수 있을까요? 하
지만 생물학적 진화와 문화를 같이 고려할 때에만 인간 진화의
최종 단계를 설명할 수 있다는 것을 오늘날의 동물학자들과 인간
진화 연구자들은 잘 알고 있습니다. 그들은 수백만 년을 두고 진
행되어온 인간 진화가 문화와 자연 사이에 일종의 열장장부이음[29]
같은 것이란 것을 잘 알고 있습니다. 다른 동물에 비해 임신 기
간이 긴 인간이기에 동침을 원하는 남성으로부터 임신부를 보호
하기 위한 금기가 필요했다고 볼 수 있습니다.

바르베리: 동물에게서도 금기를 생각할 수 있습니까?

지라르: 수사학적으로 그렇게 말할 수 있을지 모릅니다만, 동
물에게서 금기를 말할 수는 없을 것 같은데요. 예컨대 패권 경쟁
에서 패배한 자를 죽이지 않는다는 동물의 금기 같은 것이 있습
니다. 늑대가 다른 늑대를 물고는 충분히 죽일 수 있는데도 왜
죽이지 않는지 혹시 아십니까?

바르베리: 그것만으로도 상대방을 충분히 정복했기 때문 아닌
가요? 동물 세계에서 위계질서를 세우고 조정하는 것은 바로 이
런 사회적인 면이 아닐까요?

지라르: 맞습니다. 원숭이에 관한 요즘의 많은 연구는 이 방향
으로 진행되고 있습니다. 콘라드 로렌츠Konrad Lorenz는 동물
들이 모르는 상대를 만나면 언제나 싸울 태세로 접근한다는 것을
밝혀냈습니다. 동물들은 이렇게 서로 다가서지만 그 태도는 아

---

29 queue-d'aronde/dovetail joint. 건축 용어로 주로 목공 제품의 모서리에 적용되는 비둘
기 꼬리 형태로 이어가는 접합 양식. '주먹장이음'이라고도 함(옮긴이).

주 신중합니다. 그것은 상대방의 반응에 따라 싸움이 될 수도 있고 우정을 나누는 계기가 될 수도 있습니다. 상대의 반응이 긍정적이면 그 동물은 그 상대방에게 제삼자에 대항해서 자신과 연합하자고 제안하면서 다시 제삼자를 향하게 됩니다. 이때 제삼자는 같은 종일 수도 있고 아니면 실제로 그 무엇이라도 좋습니다. 이런 내용을 저는 『세상 설립 이래 감추어져온 것들』에서 언급한 바 있습니다. 어쨌든 로렌츠는 이런 삼각형을 발견하고서 개략적으로 묘사하고 있습니다.

바르베리: 그러면 선생님의 결론은 인간과 동물을 구분짓는 희생 제도라는 해결책이 지배망의 유지와 그 연장에 들어 있던 실수와 결함에 대한 생명의 반응이라고 보시는 겁니까?

지라르: 제가 보기에 지배망이 생겨난 것은 모방의 극대화, 인간 두뇌의 성장 때문인 것 같습니다. 폭력이 증가하면서 인간이라는 종은 위협을 느끼게 됩니다. 하여튼, 인간 진화의 출발점에는 이런 위험이 있는 것 같습니다. 폭력이 희생양 메커니즘을 가져왔다는 것이 바로 인간의 특성입니다. 원죄가 폭력으로 이어지자 인간은 고대 종교에서 해결책을 발견한 겁니다. 인류 문화의 패러독스는 '사탄이 사탄을 물리치는 것'처럼 폭력을 추방하는 것도 폭력이라는 것입니다.

바르베리: 선생님 말씀은 폭력을 이기지 못하는 것이 인류의 출발점이라는 뜻인가요?

지라르: 네, 맞습니다. 그게 바로 인간의 추락입니다.

바르베리: 추락하는 인간이 바로 인간입니까?

지라르: 간단히 말해 인간이지요. 추락하는 인간 아닌 다른 인간은 없는 셈입니다. 처음부터 인간은 추락하는 존재입니다. 이 이야기를 제가 전에 한번 했던 것으로 알고 있습니다만, 기독교

는 자신을 희생적으로 보이도록 하는데 그것이 기독교의 장점입니다. 사실 기독교의 기능은 희생적인 모습으로 보일 수 있습니다. 기독교에 대해서도 인간에 대해서도 이런 면을 비난만 할 수 있는 게 아닙니다. 왜냐하면 그것은 하나의 역사 단계이기 때문입니다. 기독교가 말하고 있는 것이 이런 것입니다. 가령 아우구스티누스를 봅시다. 그는 아주 깊은 인류학적인 직감을 갖고 있었습니다. 그것은 아마 그가 다른 종교도 접하고 있었기 때문일 겁니다. 그런데 어떤 인류학적 구조가 파괴되면서 이런 직관들도 사라지고 말았습니다. 하지만 이것은 모두 강조의 문제입니다. 시대에 따라 어떤 것을 특별히 강조할 필요가 있을 수 있기 때문입니다. 그런데 오늘날 사람들은 기독교 전통의 인류학적 제도를 잊어버리는 경향이 있습니다. 전통적인 관점에 서서 지나친 휴머니즘에 반대하던 아우구스티누스적인 태도를 제가 취하는 것도 아마 이런 이유 때문이 아닌지 모르겠습니다.

6. "유대인의 스캔들, 이교도의 어리석음"

바르베리: 그리스도를 지칭하는 "희생자이기에 승리자"라는 아우구스티누스의 유명한 말이야말로 기독교가 희생적으로 보이는 것이 실은 희생을 종식시키는 희생이라는 것을 잘 보여주고 있는 것 같습니다.

지라르: 네, 물론입니다. 신학자들의 말처럼, 폭력을 행하지 않는 사람들이 묵시적으로 은연중에 기독교인으로 간주될 수 있는 것도 이 때문입니다. 또 이런 사람들이 명시적으로도 기독교인으로 간주될 수도 있는데, 이런 비폭력이 예수 수난에 대한 해

석과 직접 관련이 있기 때문입니다. 그러므로 비폭력은 근본적으로 기독교적이라고 볼 수 있습니다. 비잔틴 사람들의 오이디푸스 대왕 해석에 대해 제가 이야기했던가요? 비잔틴 사람들은 소포클레스의 이 비극을 하나의 수난으로 해석하였습니다. 오이디푸스를 그리스도, 즉 무고한 희생양으로 보았던 것이지요. 『오이디푸스 대왕』 신판의 후기에서 프랑시스 고에는 비잔틴 사람들은 모든 문학을 수난으로 해석하고 있었다는 것을 전해주고 있습니다.[30] 이런 해석은 중세에 자주 있었는데, 거기서 왕은 언제나 무고한 희생양이었습니다.

바르베리: 중세는 희생을 중요하게 여기고 있었습니다. 다시 말하자면, 중세는 기독교의 핵심과 아주 가까운 희생과 관련된 감정에 대해 많은 관심을 기울이고 있었다는 말입니다.

지라르: 옳은 말씀입니다. 중세가 제기하는 문제는 우리가 생각하고 있는 것보다 훨씬 더 깊습니다. 물론 이를 관념화하는 데는 오늘날보다 서툴지만 말입니다. 비록 그들이 우리처럼, 폭력은 안 된다는 생각도 하지 않으면서 그리스도의 무덤도 정복하려 했지만, 이들이 기독교를 체험한 방식은 아주 기독교적입니다.

바르베리: 하나님은 흔히 작가로도 불리고 있습니다. 특이한 기독교 신앙의 경우 작가와 작중 인물이 너무 가까이 있어서 우리는 이를 아버지와 아들이라 부르고 있습니다. 그러면 이런 특이한 관계 때문에 인간의 소리로 가득 찬 이 세상과 하나님 사이의 거리가 없어지게 되는 것일까요?

지라르: 하나님 옆에 있던 대표적인 창조주인 '말씀'[31] 없이는

---

30 Sophocles, *Oedipe roi*, postface de Francis Goyet, Paris, LGF, 1994, p.137 참조.
31 '말씀Verbe'. 성부, 성자, 성신으로 된 삼위일체의 제2격인 성자, 즉 예수 그리스도를 말함(옮긴이).

어떤 것도 창조될 수가 없었습니다. 하지만 말씀은, 인간들이 창조에 대해 의문을 제기할 수 있을 정도로 충분히 머리가 좋아졌을 때에도 여전히 무신론자로 남아 있을 수 있도록, 이 세상을 창조하였습니다.

바르베리: 이처럼 돌이킬 수 없는 이 거리가 바로 추락한 인간 조건의 특징인가요?

지라르: 그것은 여전히 은총과 개종의 문제인 것 같은데, 이 문제를 레이문트 슈바거는 잘 정리하고 있습니다.[32] 「로마인들에게 보낸 편지」에 따르면 인간은 하나님의 존재와 함께 천지창조가 있었다는 것을 알 수 있지만 그리스도에 의한 구원을 예상하지는 못합니다. 그러므로 인간과 하나님 사이의 간극은 은총에 의해서만 줄어들 수 있습니다. 은총이 없으면 구원도 없습니다. "그들은 자신들이 무엇을 하는지도 모르고" 있기에 스스로가 의식하는 박해에 대한 경험은 없는 것과 같습니다. 특별한 은총이 있을 때에야 우리는 자신이 무엇을 하는지 알 수 있고 이 은총만이 우리로 하여금 기독교의 진리를 볼 수 있게 해줍니다.

바르베리: 이번 대담을 시작하면서 선생님은 『나는 사탄이 번개처럼 떨어지는 것을 본다』가 나선형의 원심적인 모양을 하고 있어서 이야기의 논점이 명확히 드러나지 못할 수도 있다고 말씀하셨습니다. 사실 선생님의 글은 변화하는, 혹은 선생님 말씀에 따르면 '나선형'의 구조와 닮은 것 같군요. 그런데 정확히 그런 방법을 통해서만 십자가, 즉 신의 희생제물화보다 먼저 있었던 희생적 폭력을 가장 잘 이해할 수 있는 것 같습니다.

---

32 Raymund Schwager, *Brauchen wir einen Sündenbock? Gewalt und Erlösung in den biblischen Chiften*, Thaur, 3ᵉ ed. 1994; trad. Anglais, *Must There Be Scapegoats? Violence and Redemption in the Bible*.

지라르: 저도 그렇게 되기를 바라고 있습니다. 어떤 것도 감추지 않는 복음서가 신화를 해명해준다고 말하면서 그런 말을 할 수가 있겠죠. 저는 이미, 신화 주인공들이 왜 다들 기형적인 인물인가 하는 의문을 성서가 설명해줄 수 있다고 말한 적이 있습니다. 다른 한편으로, 신화 해석은 사탄과 묵시록적인 기록과 같이 그동안 잊혀져왔던, 다시 말하면 전통적으로 은근히 제거되어왔던 것을 제대로 이해할 수 있게 해줍니다. 맹목과 옳지 못한 의지 때문에 사람들이 복음서를 제대로 이해하지 못하고 있는데, 우리가 이야기하는 성서와 신화 사이의 이런 왕복 작용을 통할 때 우리는 복음서가 신화를 해명하고 있다는 것을 잘 알 수 있을 겁니다. 이 문제를 계속 파고들 필요가 있습니다. 이 문제는 아주 복합적이지만 십자가에서 출발하여 신화를 재해석하는 작업의 여러 모습들이 주제페 포르나리의 「창세기」에 관한 책에 아주 잘 나타나 있습니다.[33]

바르베리: 십자가의 승리, 이것이 선생님 책의 결말이고 또 인간 폭력의 기나긴 여정의 결말인 것 같습니다.

지라르: 바울, 특히 「로마인들에게 보낸 편지」와 「고린토인들에게 보낸 편지」에서의 바울은 '모방적 나선형' 안에서 맴돌고 있는 것 같습니다. 지금 우리 이야기는 모두 하나님 구원의 중심이 십자가라는 바울의 말에 대한 일종의 주석 같은 것이라고 생각합니다. 십자가는 하나님에 대한 정보를 보여주는 것일 뿐만 아니라, 무엇보다도 인간에 대한 지식이기도 합니다. 바울은 그것을 완전히 알고 있었던 것입니다. 그래서 저는 그리스도가 십자가에 매달렸다는 것이 "유대인들에게는 스캔들이고 이교도들에게

---

33 Guiseppe Fornari, *Fra Dioniso e Cristo. La sapienza sacrificale greca e la civilta occidentale*, Bologna, Pitagora, 2001.

는 어리석은 것"(「고린토인들에게 보낸 첫번째 편지」 1:23)이라는 구절의 의미를 깊이 새겨볼 필요가 있다고 생각합니다. 야콥 타우베스가 쓴 『바울의 정치신학』이라는 책을 읽으면서 이 책에는 이런 생각이 서술되어 있기를 기대했는데, 거기까지는 이르지 않고 있더군요.[34]

바르베리: 갈수록 바울에 대한 선생님의 관심이 깊어가는 것 같군요.

지라르: 저도 그렇게 되기를 바라고 있습니다. 바울에 대한 관심은 말하자면 요 근래의 관심이라 할 수 있는데, 개신교와의 개인적 관계 덕분에 바울을 더 잘 이해하게 된 것 같습니다. 가톨릭교도들은 대부분 특히 복음서 이야기를 많이 합니다. 그런데 개신교도들은 특히 바울 이야기를 많이 하면서, 바울의 편지를 기독교의 최초 자료로 간주하고 있습니다. 개신교와 가톨릭을 비교하는 글을 쓴다면 정말 흥미로울 것입니다. 이런 점에서 복음서와 바울이 근본적으로 어떤 점에서 서로 겹치는지를 이해하는 것이 진정한 기독교 통합 운동이 될 수 있을 것이라 생각합니다. 이런 점에서 사탄에 대한 인류학적 해석이 이 길을 열어줄 수 있을 것이라는 것이 저의 생각입니다.

바르베리: "사탄이 십자가에 속았다." 그 후에는 하나님과 사탄, 그리스도와 레비아단[35] 사이에 어떤 역사적인 관계도, 심지어는 어떤 대결도 전혀 생각할 수 없는 것인가요?

지라르: 그런 생각은, 이 세상 통치자들이 그 결과를 전혀 예상하지 못하였는데, "만일 그들이 그것을 알았더라면 영광의 주님

---

34 Jacob Taubès, *La théologie politique de Paul*, Paris, Seuil, *Traces ecrites*, 1999.
35 Léviathan. "날을 저주하는 자들아, 레비아단을 깨울 수 있는 자들아, 그 밤을 저주하여라." 「욥기」 (3:8)에 나오는 바다 괴물.

을 십자가에 못 박지는 않았을 것"이라는 「고린토인들에게 보낸 첫번째 편지」의 구절에서 나오는 것 같습니다(「고린토인들에게 보낸 첫번째 편지」 2:8). 이 구절이 왜 나오게 되었을까요? 그것은 얼마 지나지 않아 이 통치자들이 자신들의 권력이 십자가 때문에 사라지게 되었다는 것을, 다시 말해 희생양 메커니즘의 진실이 밝혀지게 되었다는 것을 깨닫게 되었기 때문입니다. 사탄은 그의 왕관을 빼앗으려는 하나님의 적극적인 계책에 속은 것이 아니라, 그리스도가 십자가에 처형당했다는 그 사실 때문에 속은 것입니다.

바르베리: 십자가가 승리했다고 해서 그리스도와 사탄의 싸움이 끝난 것이 아니군요. 선생님께서 언젠가 다른 데서, 하나님이 사탄에게 이 세상의 일을 관리할 여지를 남겨두었다고 말씀하신 것으로 알고 있는데요.

지라르: 사람들에게 쉽게 설명하려면 "하나님이 너희를 자유롭게 풀어주었으며" 사람들이 사탄의 구조에 빠져 헤매는 것이 하나님 책임은 아니라고 말해야 할 것입니다. 파스칼의 '숨은 신'이나 시몬 베유의 '신은 은퇴했다'는 말로 이런 상황을 표현할 수 있을 것입니다. 지금은 이 말을 인용만 하고 있지만 얼마 안 가서 저는 저 같은 사람을 제외하고는 그 어디에서도 이교도를 보지 못하는 진보적인 종교재판관들의 입에서 이 말이 나오도록 하고 싶습니다.

바르베리: 다른 측면에서 보자면, 동방의 전설에는 하나님이 "낚시로 레비아단을 낚는다"는 욥기의 표현도 들어 있습니다(「욥기」 40:25). 이 표현은 사탄의 파괴가 완전히 끝난 것이 아니기에 아마 계속되는 전쟁이라는 생각에 더 가까운 것 같습니다.

지라르: 물론입니다. 그렇지만 권력을 가진 자들은 그 사회의 만장일치에 약간의 틈이 생기자마자 레비아단을 완전히 파괴하

는 쪽으로 방향을 돌릴 만큼 아주 영악합니다. "나는 사탄이 번개처럼 떨어지는 것을 본다"라는 구절을 저는 요즘, 사탄이 사회에 새로운 질서를 가져다주는 질서 정립의 능력은 잃었지만 자신이 갖고 있던 무질서의 능력은 잃지 않았다고 설명하곤 합니다. 지상에 떨어진 사탄은 더 이상 매이지 못하고 또 자신의 초월성의 질서를 세울 수도 없고, 그래서 무질서를 뿌리는 능력에 몰두해 있습니다. 이것이 바로 묵시록의 이미지입니다.

바르베리: 선생님 생각에 동의하고 나면, 폭력의 질서를 파괴시킨 그리스도가 오신 것의 결과는 다음 둘 중의 하나여야 할 겁니다. 그 후로 지상과 천국은 완전히 분리되는 묵시록의 실현이거나, 아니면 그 반대로 헤겔의 모델에 따라 하나님의 질서가 오늘날 내재한 것으로 보아야 하겠지요.

지라르: 글쎄요. 거기에 대해서는 잘 모르겠군요. 어쨌든 희생을 통한 해석은 항상 흥미로운데, 그것은 이 해석이 당신이 이야기한 것들을 잘 설명해주기 때문입니다. 이 해석은 무엇보다도 역사적으로 분명 묵시록 이전 세상에서의 하나님의 권능과 관련되어 있습니다. 이승에서 하나님의 질서를 세우려는 시도는 계속 이어질 것입니다. 이상주의자들의 실수는 세상 내부에 여전히 폭력이 남아 있는데도 아무런 흔들림도 없이 이 시도를 믿는다는 것입니다. 십자가의 승리는 아주 작은 소수의 사건입니다. 그래서 한 사람의 개인이 사탄을 극복하여 구원받는다 하더라도 그의 권능은 남아 있는 것입니다. 짐작하시겠지만, 저는 요즘 장세니즘[36] 쪽으로 마음이 끌리는 것 같습니다. 사탄은 극복되었습

---

[36] 네덜란드의 가톨릭 신학자 코르넬리스 얀세니우스Cornelius Jansenius(1585~1638)가 주창한 교의로서, 얀세니즘이라고도 한다. 이 교의를 계승한 아르노와 케넬에 의해서 파리 교외의 포르-루아얄 수도원을 중심으로 전개된 종교 운동이다. 장세니즘의 세계관은 비극적인 세계관이다. 즉 이 세계관은 개인을 절망적으로 죄악에 찬 세상과 부재중

니다만 우리 인간은 우리가 바라는 질서를 바로세우기는커녕 이러다가는 결국 이 세상을 완전히 파괴할지도 모를 위험한 상황에 처해 있는 것과 같습니다. 그런데 역사에는 이런 사태가 이미 기록되어 있었습니다. 누가는 이를 기독교로 개종은 하지만 잘못 개종한 사람들의 시대라는 의미로 '이교도의 시대'라고 부르고 있습니다. 묵시록을 제거하는 것은 곧 펠라기우스의 교리에 빠지는 것과 같습니다.[37] 이 세상의 뛰어남만 믿고서 원죄와 은총을 부정했던 그 옛날 영국 수도승의 이론 말입니다.

바르베리: 그렇다면 권능에다가 '막는 힘'인 카테콘[38]의 능력을 부여하는 것이 좋겠군요.

지라르: 물론입니다. 카테콘을 포기해선 안 됩니다. 카테콘을 통해서 나머지 것들도 해결될 수 있을 것입니다. 하지만 무엇을 억제하고 막는 카테콘 자체가 부정적인 개념이라는 것도 인정해

인 신 사이에서 분리된 존재로 파악하고, 신이 세계를 포기해버렸지만 신을 믿는 자에게는 여전히 절대적인 권위를 강요하는 것으로 보고 있다(옮긴이).

37 원죄설을 거부하고 인간의 자유의지를 강조한 5세기 초 영국의 수도승 펠라기우스 Pelagius의 교리. 사람은 스스로의 의지로써 자유로이 선악을 행할 수 있으며, 신의 은총이란 단순한 외적인 것에 불과하여, 그 결과 인간의 조상 아담의 죄는 완전히 개인적인 것에 불과하다고 보고서 모든 사람에게 원죄가 있다는 설은 옳지 않다고 부정하였던 교리다(옮긴이).

38 *Je vois Satan tomber comme l'éclair*, p. 287. 한글판 『나는 사탄이 번개처럼 떨어지는 것을 본다』, p. 233을 볼 것. '카테콘'이라는 말은 「데살로니가 후서」 2장 6~7절에 나오는데, 그리스어 'Katechon'은 '아래'를 의미하는 'Kate'와 '갖다, 지니다'를 의미하는 'Echo'가 만난 합성어로서, '안에 지니다(내포)'와 '아래로 누르면서 갖고 있다(억제)'라는 두 가지 의미를 갖고 있다. 『신약성서 신학사전 *Theological Dictionnary of the New Testament*』은 이 말을 '나쁜 사람이나 기운을 차단하는 것'이라고 정의하고 있다. 이 동사의 이중적 의미는, 독일 비스바덴에서 '신학과 세속 사상: 정치철학, 경제, 사회학에 관한 토론'을 주제로 열린 COV&R 1994년 연차대회의 토론회에서 장-피에르 뒤피가 처음으로 주장했던 것이다. 특히 W. Palaver, "Hobbes and the Katechon: The Secularization of Sacrificial Christianity," *Contagion* 2, 1995, pp. 57~74를 참조할 것.

좀더 쉽게 이해하기 위해서는 영어의 keep이나 프랑스어의 retenir에 들어 있는 두 가지 의미, 즉 '지키다, 간직하다'와 '막다, 억제하다'의 양면성을 생각해볼 수 있을 것이다 (옮긴이).

야 할 겁니다. 저는 순결한 '정치학'은 없다고 생각합니다. 사회 질서를 지키면서 가능한 평화적 수단을 다 동원해서 무차별화의 속도를 지연시키려 애를 써야 하는 것이 정치학입니다. 동시에 정치학은 폭력을 사용하면 더 큰 폭력을 불러오게 되지만 그렇다고 완전한 비-폭력을 바랄 수 없다는 것도 잘 알고 있습니다. 이렇듯 참된 이론을 만들어낼 수 없는 우리가 할 수 있는 것은 지연시키는 것입니다. 즉 카테콘의 역을 맡아서 이 기능이 영원하도록 노력하는 것입니다.

바르베리: 그렇다면 시간의 종말을 지연시키는 카테콘 같은 능력과 '사탄을 물리치는 사탄'의 문자 그대로 희생적인 기능 사이의 차이는 무엇일까요?

지라르: '사탄이 사탄을 물리친다'는 말이 진정으로 질서를 표현하고 있는데 비해 카테콘은 기독교 세계, 즉 사탄의 지배에서 해방된 세계에 있는 것입니다. 또한 카테콘에는 과거의 질서가 조금은 들어 있는데, 이 질서라도 없으면 폭력에게 완전히 문을 열어주고 말 것입니다. 동시에 카테콘은 폭력도 담고 있는데 이것은 사탄이 십자가에 속았을 때 남아 있던 것입니다. 어느 정도의 폭력 없이는 폭력을 막는 것이 불가능하다는 사실을 우리 모두 인정해야 합니다. 그러므로 우리는 약간의 폭력을 통하고 또 폭력을 수반하면서 생각할 수밖에 없습니다. 그러나 이들의 차이를 정확히 짚어내는 것은, 근본적으로는, 어렵습니다.

바르베리: 카테콘의 기능은 그 가시성과 관련이 있는 것 같은데, 카테콘의 역할에 대해 가장 깊이 연구한 20세기 대표적인 학자 카를 슈미트[39]의 시각이기도 합니다.

---

39 Carl Schmitt(1888~1985): 독일의 공법학자 겸 정치학자. 그의 견해는 법과 정치 질서가 정당화될 수 있는 근거는 주권적 권위자의 '결단' 속에서 찾아야 한다는 것이다. 이

지라르: 카테콘은 당연히 지식, 사탄을 파괴시킨 그 지식과 연결되어 있습니다. 예전의 사탄에게는 자기 입장에서 볼 때 사회적인 역할, 즉 보이지 않는 역할이 있었습니다. 카테콘 문제는 행동할 권한이 있는 이들 모두에게 해당되는 것입니다. 알지 못하면서 어떻게 행동할 수 있겠습니까? 모든 진상을 알고 난 지금 그렇다면 우리는 희생을 어떻게 보아야 할까요? 이것이 바로 지금 우리의 상황입니다. 어쨌든 이 질문에 완벽하게 대답하려면 정치학과 신학의 관계에 대해 깊이 따져보아야 하는데, 이들의 관계는 정말 엄청나게 복잡합니다. 폭력과 위기를 말한다는 비난을 받을 때마다 저는 카를 슈미트의 말을 즐겨 인용합니다. 슈미트는 계몽주의 시대에 가능한 유일한 학문은 질서의 학문임을 강조합니다. 질서의 학문이 바로 질서는 아닙니다. 질서에 대한 담론이 문제입니다. 이런 점에 대한 언어학파의 구분은 정말 적절합니다. 오랫동안 주장되어왔지만 질서에 대한 담론은 진실을 반영하지 못할 수도 있습니다. 카를 슈미트의 말은 인류학, 법학, 정치학과 같은 모든 인문과학이 다 받아들일 수 있는 내용입니다. 그리고 지금까지 위기를 제대로 생각해본 적이 한 번도 없는 인문학에도 적용될 수 있을 것입니다. 하지만 '책임자'를 밝혀내고 결정하는 것은 바로 위기입니다. 위기를 생각한다는 것은 곧 소크라테스 이전 철학에 나오는 순환 개념으로 되돌아가는 것입니다. 그러나 계몽주의 철학은 위기를 이런 식으로 생각해본 적이 한 번도 없습니다. 왜냐하면 이들은 위기를 질서의 우발적인 단절로, 말하자면 순전히 비합리적이라서 생각도 할 수

러한 결단주의는 나치스의 권력 투쟁 과정에서도 객관적인 의미를 지닐 수 있었지만, 일단 이 체제가 성립된 뒤에는 합리화의 역할을 할 수 없게 되었다. 다만 헌법 제정 권력과 의회주의의 분석 등에 있어서는 오늘날에도 그의 학설이 시사하는 바가 있다(옮긴이).

없는 어떤 것으로 보고 있기 때문입니다. 여기서 카를 슈미트는 모든 인문학에서 아주 중요한 어떤 것을 보았습니다.

바르베리: 인문학은 무질서의 현실을 생각하는 데에는 이르지 못하고 있는데, 제가 보기에 그것은 무질서를 단순히 질서의 한 연장으로 보고 있기 때문인 것 같습니다.

지라르: 하지만 그것은 기독교나 소크라테스 이전 철학의 입장에서는 받아들이기 힘든 것 같은데요. 가령 인간의 질서는 항상 카오스에서 나오며 또 카오스로 되돌아간다는 아낙시만드로스의 말을 생각해봅시다.[40] 이것은 위기의 생각입니다. 카를 슈미트가 소크라테스 이전 철학에 대해서도 언급을 했나요?

바르베리: 제가 알기로 슈미트는 핀다로스의 단장에서 나온 만물의 왕이라는 의미의 노모스에 관한 이야기를 할 때 외에는 그냥 일화처럼 다루고 있는 것 같습니다. 노모스는 왕과 같은 것이며 폭력에 대한 최초의 제한이자 문화적인 통제 같은 것으로 설명하고 있습니다. 폭력의 통제는 사실 카를 슈미트의 중심 주제입니다.

지라르: 네, 그렇군요. 역시 발터 오토같이 뛰어난 사상가를 갖고 있는 독일의 학풍답습니다. 오토의 『디오니소스론』[41]이 독일에서 나온 것이 1933년입니다. 그는 '정상적인 것'만 볼 줄 알던 장-피에르 베르낭Jean-Pierre Vernant과는 상반된 생각을 하고 있습니다. 이 프랑스의 그리스학자에게 있어 무질서는 완전히 하나의 스캔들과 같은 것입니다. 당시에 그는 토크빌에 관한 책을 썼는데 이것은 제 애독서 중의 하나입니다. 그러나 모방적

---

40 *Le fragment* 12. bl, D.K 참조.
41 Walter F. Otto, *Dionysos. Le mythe et le culte*, trad. de Patrick Lévy, Paris, Mercure de France, 1969.

인 작가가 있다면 그는 토크빌입니다. 정치학이 있다면 그것도 토크빌입니다. 토크빌의 명성도 『미국의 민주주의』 2권에서 나왔습니다. 또 희생적 동물인 왕이라는 단 하나의 모델에 근거해서 민주주의와 왕정의 차이를 본 사람도 토크빌입니다. 민주주의는 실은 사회 구성원들 숫자만큼이나 많은 장애물이 있지만, 왕이 제거되었기에 모든 장애물이 다 없어진 것 같은 인상을 주고 있습니다. 그 반면에 더 이상 불구자의 그림자가 보이지 않으면 그것은 세상이 묘지가 되고 있기 때문이라는 것을 사람들은 보지 못하고 있습니다.

바르베리: 토크빌은 위대한 피정복자이자 예언자입니다. 그러나 오늘날은 피정복자의 이야기가 아니라 역사가 없는 사람들의 이야기가 사람들의 관심을 더 끌고 있습니다. 역사가 없는 자의 역사, 즉 후계자가 없는 희생양들의 역사라는 말이 나오고 있습니다.

지라르: 그리고 사람들은 어쨌든 자신에 반(反)해서 그 이야기를 하고 있습니다. 예전의 역사도 기독교의 희생양에 대해 관심을 갖고 있었습니다. 예컨대 당시 사학자들에게 순교자들은 중요했습니다. 이들이 그들 사후의 세계를 만들어냈기 때문입니다. 하지만 오늘날은 정복자의 역사에 대해서도 피정복자의 역사에 대해서도 아무런 관심이 없습니다. 라신과 부알로로 유명한 루이 14세의 치적도 잊혀지면서 무명의 희생양들, 즉 역사에 나오는 익명의 군중들에게 자리를 내주고 있습니다.

바르베리: 그것은 특히 자신의 위치를 역사 밖에 두는 태도인 것 같습니다. 마치 모든 사람들이 어떻게 역사 밖으로 나갈지를 모방적으로 찾기 시작한 것 같습니다.

지라르: 방금 하신 말씀은 지금 유행처럼 번지고 있는 역사에

대한 훌륭한 정의로 삼아도 될 것 같습니다. 역사와 민족학의 차이가 없어지고 있는 것은 꽤 오래전부터입니다. 프랑스에서 관습과 정신의 역사와 일상적인 생활을 각각의 의미를 제거하면서 한데 연결하는 작업은 1930년대의 아날학파와 함께 시작되었습니다. 이것은 무차별화의 또 다른 형태입니다.

바르베리: 선생님은 예전에 『이런 일이 일어나기 시작하거든』에서 정치 권력이 중요하다는 사실과 함께 혼자서는 생각할 수 없는 무능력을 거론하신 적이 있습니다.[42] 선생님이 보시기에 오늘날 세계에서 정치란 것이 하고 있는 역할은 무엇일까요?

지라르: 정확히 말하면, 정치의 역할은 갈수록 줄어들고 있습니다. 여기서 우리는 오늘날의 경제가 만족을 주고 있기에 '카테콘'의 성격을 갖고 있다는 말을 해야 할 것 같습니다. 사람들이 "우리는 모두 같은 것을 원하고 있다"고 말하면 경제는 "우리는 모두에게 같은 것을 주고 있다"고 말하고 있습니다. 경제의 이 대답은 사람들을 만족시킵니다만, 일시적일 뿐입니다. 특히 제2차 세계대전 이후로는 소비 사회가 예전처럼 카테콘의 역할을 더 이상 하지 않는다는 것을 사람들은 느끼고 있습니다. 오늘날은 생활 수준의 향상이 사람들을 더 이상 만족시켜주지 못하고 있는데, 이것은 일반 신경증이 증가하고 있는 것과 비슷합니다.

바르베리: 경제는 오늘날 세계의 카테콘일 수 있을까요?

지라르: 그것은 뒤피와 뒤무셀이 물론 다른 뜻으로 쓰고 있지만 그들의 『사물의 지옥』에 나오는 생각입니다. 미국인에게서 이것은 아주 분명히 드러나고 있습니다. 컴퓨터가 물론 경제에 유익하고 새로운 것이지만 이들은 앞으로 컴퓨터를 대체할 것을 아

---

42 René Girard, *Quand ces choses commenceront*, entretiens avec Michel Treguer, Paris, Arléa, 1994, p. 69.

주 힘들게 궁리하고 있습니다. 모방적 욕망이 만족하는 것은 일시적일 뿐인데 이것도 갈수록 점점 더 단축되고 있습니다. 그래서 항상 새로운 장난감을 찾아내야 하는데, 이 일은 갈수록 더 힘들어지고 있습니다.

7. 집단 살해의 문제: 클로드 레비-스트로스와 모방이론

바르베리: 『낭만적 거짓과 소설적 진실』을 쓰신 뒤에 선생님이 왜 인류학에 빠져드셨는지 그 과정을 좀 설명해주시기 바랍니다.

지라르: 방금 언급하신 그 책은 유럽 소설가들을 연구한 책입니다. 그 소설가들은 인간의 욕망과 경쟁이 모두 모방에 의해 일어나고 있다는 것을 가르쳐주었습니다. 그 책을 쓰고 난 뒤 저는 그 욕망이 진짜로 보편적인 것인지, 다시 말해 서구가 아닌 문화권에서도 혹은 고대 문화에서도 이런 욕망의 흔적을 찾을 수 있는지 정말 궁금했습니다. 그래서 저는 인류학의 고전을 읽기 시작했습니다. 당시 저는 모방의 흔적을 찾는 일에 문자 그대로 흠뻑 빠져 있었습니다. 하지만 그 흔적들을 어떻게 분류해야 할지도 잘 몰랐습니다. 집단 살해와 집단 폭력에 관한 제 주장을 정리하는 데 거의 10년이 걸렸습니다.

그때가 학문에서 경험한 저의 가장 멋진 시간이었습니다. 그때의 기억이 지금도 새롭습니다. 당시 저는 뭐라고 불러야 될지 모르지만 그때까지 누구도 말한 적이 없는 것을 발견하고 있는 것 같았습니다. 이런 과정을 거쳐서 두번째 책 『폭력과 성스러움』이 1972년에 가서야 나오게 되었는데, 첫번째 책으로부터 12년이나 뒤에 나온 것입니다.

저로서는 그때가 아주 힘든 시절이기도 했지만 동시에 가슴 벅차던 시절이기도 했습니다. 인류학에 빠진 다른 계기도 있는데, 고전의 반열에 정식으로 들지는 않았지만 지금 고전이 되고 있는 중인 클로드 레비-스트로스를 아주 좋아했습니다. 당시 그는 『구조주의 인류학』 첫번째 책을 냈는데, 그것이 바로 『야만적 사고』입니다.

당시 실존주의는 끝나가고 있었지만 그 태도는 유행처럼 남아 있었습니다. 그래서 레비-스트로스는 너무 건조하다고 또 그 대상을 너무 비인간화한다는 비판을 받고 있었습니다. 이런 비판은 정말 터무니없는 것이었습니다. 친족에 대한 그의 책은 물론 엄격하고 기술적입니다. 그러나 그 뒤에 나오는 것들은 진실일 뿐 아니라 아주 시적입니다. 레비-스트로스는 인류학의 위대한 시인 중의 한 사람입니다. 레비-스트로스는 독자들을 '야만적 사고자'로 만들면서 정말 다른 세계에 빠뜨리고 있습니다. 레비-스트로스는 우리의 시각을 19세기 리얼리즘의 묘사보다도 더 많이 교정해주고 있습니다. 이런 효과는 그의 미학적인 기교에서 나오는 것도 낯설게 하기 기술에서 나오는 것도 아닙니다. 그것은 바로 구조주의적 분석에서 나오고 있습니다. 다시 말해 그것은 위대한 예술가라 할 수 있을 이 학자의 인내심 깊은 탐사에서 나오는 물 흐르는 듯한 설명 덕분이라는 말입니다.

그의 책들이 그 내용만이 아니라 장정, 삽화, 면 배치, 활자와 같이 하나의 상품으로서의 멋진 책을 만드는 요소들, 진짜 참된 책으로 만드는 그 모든 요소들이 독자들에게 깊은 감동을 주고 있습니다. 이 책들은 아주 담백하면서도 화려합니다. 삽화는 작업의 도구들입니다. 이 책은 비교적 간단한 방법을 사용하고 있는데, 그 까닭은 미학적인 이유만이 아닌 것 같습니다. 제가 보기에 레비-스트로스는 학생들이 책을 쉽게 살 수 있기를 바랐던 것 같습니다. 제가 보기에 인류학의 최고 걸작은 플롱 출판사에서 나온 『야만적 사고』인 것 같습니다. 저는 지금도 이 책을 소중히 간직하고 있습니다.

제가 이 책을 예술작품처럼 말한다고 해서 그 내용을 폄하하는 것은 물론 아닙니다. 이 저자는 저에게 그 뒤로 널리 퍼진 자신의 독창적인 방법, 즉 의미의 '차이'를 통해 사고하는 법을 가르쳐주었습니다. 이런 생각은 그 자신의 소명과도 같았는데, 특히 지성적인 이유도 있었겠지만 그 때문만은 아니고, 하여튼 그 모든 이유로 그는 이 생각에 완전히 매진하였습니다. 이런 작업이란 것이 물론 완전히 달성될 수 있는 성질의 것이 아니라는 것을 그의 책은 잘 보여주고 있습니다. 그러나 이 저자에게 있어 이것은 단순한 하나의 생각 이상의 것으로, 이것은 그의 삶의 스타일이자 심지어는 황홀한 경지이기도 하였습니다. 이 생각 덕분에 그는 지루하게 계속되던 전후 매스컴의 눈물 자아내는 끔찍한 코미디를 멀리할 수 있었을 뿐만 아니라 당시 세상의 지독한 저속성에 대해 어떤 언급도 하지 않아도 되었습니다.

제가 가장 흥미를 가졌던 폭력은 그런 끔찍한 최루 코미디의 한가운데에 있었는데 여기서 아주 복잡한 오해들이 많이 나오고 있었습니다. 많은 사람들 그리고 레비-스트로스에게도 제가 그런 코미디에 가담하고 있는 것처럼 보일까 봐 마음이 쓰입니다. 제가 폭력에 대해 너무 많은 이야기를 하다 보니 이런 개념을 이용하며 탄식하는 무리들에게 동정을 보내지 않을 수가 없습니다.

그런데 폭력에 대한 저의 관심이 레비-스트로스에게서 나왔다는 저의 방금 말은 절대 과장이 아닙니다. 폭력에 대한 제 연구의 출발점에 그의 책이 있다고 할 수 있습니다. 1960년대 초의 이야기입니다. 신화에 나오는 쌍둥이의 역할에 대해 관심을 갖기 시작하던 때였습니다. 그러던 어느 날, 그 이름은 잊었지만 어떤 글에서 레비-스트로스가 신화에 나오는 다른 쌍의 대상에 대해 그렇게 하는 것처럼 한 쌍의 쌍둥이에 대해서도 '차이를 따지고 있는' 것을 보았습니다.

레비-스트로스의 시각에서 쌍둥이의 차별화를 정당화시켜주는 것은 바로, 소쉬르의 그 유명한 기호의 정의였습니다. 기호는 이것과 저것 사이의 차이만 의미한다는 것이 그것입니다. 쌍둥이 사이에도 언어학적으로 보면 차이만 있습니다. 만약 동일성이 존재한다 하더라도(몇 년 뒤 레비-스트로스의 후계자들은 동일성은 없다고 아주 당당하게 공표하였지만) 아무런 문제도 안 되는데, 그것은 모든 것이 언어인 문화 안에서 그런 동일성은 어떤 역할도 하지 못하기 때문이라는 것입니다. 레비-스트로스의 보고서에는 동일성이 없습니다. 쌍둥이를 논하면서도 그들의 차이점만 따졌던 것도 그 때문입니다.

제 말은 그렇다고 이런 태도가 완전히 잘못됐다는 것이 아닙니다. 고대 문화는 차이만을 원하였습니다. 모든 문화들이 다 그러하듯이 고대 문화도 동일성이라는 말을 직접 발설하지 않습니다. 그렇다고 이들 문화가 동일성을 발설할 줄을 몰랐다고 생각해서는 아닙니다. 문화는 이 말을 종종 언급하는데 제가 보기에 이런 언급의 중요한 자료들 중의 하나가 바로 쌍둥이 신화의 테마라고 생각합니다.

차이만 원하는 레비-스트로스는 언어학적인 측면에서는 옳지만, 문화의 측면에서는 틀린 것 같다는 것이 제 생각입니다. 신화에서 쌍둥이는 또 하나의 차이만 뜻하는 것이 아니라, 차이의 소멸, 즉 동일성의 의미도 갖고 있습니다. 여러 문화들이 쌍둥이에 대한 직접적인 언급을 피하고 있는 것은 그럴 능력이 없어서가 아닙니다. 그것은 이 문화들이 '동일성'은 언제나 자신들을 위협하고 있다고 느끼고 있기 때문입니다.

바르베리: 왜 동일성을 두려워하는 것일까요?

지라르: 지금의 우리는 물론 레비-스트로스가 생각했던 것과도 일치하는 똑같은 이유 때문이라고 생각합니다. 동일성은 언제나 쌍둥이들끼리 펼치는 끔찍한 전쟁의 원인으로, 이 전쟁에서는 둘 중의 하나가 죽거나 심한 경우에는 『테베 공략 7장군』처럼 모두 죽기도 합니다. 이게 바로 순수 비극인데, 이렇게 되면 결국 승리한 것은 모방적 폭력의 전염뿐입니다. 폭력의 전염이 널리 퍼지면 그게 바로 그 유명한 홉스의 '만인의 만인에 대한 투쟁'이 됩니다.

평소 습관처럼 다른 생각을 하거나 전지전능한 구조주의를 보충하거나 그리하여 구조주의와 그 후에는 해체주의를 멀리하면서도 제 주제를 벗어나지 않기 위해 저는 쌍둥이 문제로 되돌아왔습니다. 에테오클레스와 폴리네이케스 같은 비극적 쌍둥이와 고대 희극에 나오는 희극적 쌍둥이가 그것입니다. 희극에 쌍둥이가 나오는 것으로는 라틴어로 된 플라우투스의 희극 『메나에크무스 형제』가 유일하게 남아 있지만, 그리스에서는 이미 있었던 것입니다. 비극과 희극에 나오는 이 쌍둥이들은 신화에 나오는 쌍둥이에 대한 최초의 해석일 뿐 아니라, 더 정확히 말하면 정말 유일한 해석입니다. 비극과 희극에 나오는 이런 쌍둥이들에게는 제 이론의 핵심을 차지하는 문화의 모방적 위기, 폭력적 무차별화 현상에 대한 생각이 들어 있습니다.

레비-스트로스의 차이 개념의 도움을 통해서만 이런 생각에 이를 수 있다고 생각합니다. 그래서 우리는 폭력에 대해 제대로, 즉 우리 주변에서 맹위를 떨치고 있는 끈적끈적한 멜로드라마에 빠지지 않고 생각할 수 있게 된 것입니다. 레비-스트로스에 반대하는 것처럼 보이는 바로 그 안에서 제가 레비-스트로스적이라는 것은 바로 이런 의미에서입니다.

위대한 문학의 핵심에는 쌍둥이가 있습니다. 질서, 더 정확히 말하자면 질서에 대한 담론 —— 슈미트의 구분이 생각나는군요 —— 만을 바라는 사회과학과는 달리 문학은 적어도 어느 정도까지는 무질서를 좋아하기 때문입니다. 독자를 감동시키려면 어느 정도의 무질서가 없으면 안 될 것입니다.

바르베리: 바로 그 '차이' 문제 때문에 레비-스트로스와 갈등이 있는 것 아닌가요?

지라르: 20세기는 온통 차이의 지배권 안으로 몰려들었는데, 그래서 저는 20세기가 좋게 끝나지 않았다고 생각합니다. 그래서 당시 저는 이런 차이의 영향권에 굴복하지 않으면서 레비-스트로스의 장점을 이용하려고 마음먹었습니다. 제 생각을 따르려면 우선 문학에 빠져들어야 합니다. 사회과학이나 철학에 뛰어들기보다는 오히려 아이스킬로스, 소포클레스 그리고 에우리피데스의 『바쿠스의 여사제들』과 함께 『돈키호테』와 도스토예프스키의 『지하생활자』부터 시작하는 것이 더 낫습니다. 제가 바로 그렇게 했으며 지금도 매일같이 스스로 흡족하게 생각하고 있는 것이기도 합니다. 그렇게 한 것은 물론 우연이었지 제 자신의 무슨 특별한 전략 때문이었던 것은 아닙니다.

문학은 무질서와 폭력이 차이의 소멸에서 나온 것임을 가르쳐주었습니다. 레비-스트로스가 거론하지 않으려는 것이 바로 이런 것입니다. 그렇다고 그를 비난할 생각은 조금도 없습니다. 당시의 그는 그 시대와 함께 어쩔 수 없이, 비극 심지어는 희극도 무시하는 모험을 감행하고 또 이제 와서는 필연적으로 제기되고 있는 중요한 문제들을 무시할 수밖에 없었던 것입니다.

지금도 기억나는 일이 하나 있습니다. 아마 1970년대였을 겁니다. 언젠가 예일 대학 강연회에 초청 연사로 갔을 때의 일입니다. 당시는 예일 대학이 미국 해체주의의 본거지였던 때입니다. 미칠 파장은 생각지도 않고 저는 무심결에 '그리스 비극'이라는 표현을 썼습니다. 강연이 끝나고 난 뒤에 강연장에 있던 해체주의의 최고 권위자였던 당시 학장이 저에게 질문을 했습니다. 질문은 하나였지만 그 내용은 하나가 아니었습니다. 그는 이렇게 큰 소리로 말했습니다. "어떻게 아직도 그리스 비극 이야기를 할 수 있나요? 해체주의가 유행하는 오늘날 누가 과연 비극에 관심을 가질 수 있을까요?"라고 말입니다.

바르베리: 그 학장이 바로 나치에 가담한 벨기에의 노동운동가이자 정치인인 앙리 드 만의 조카인 유명한 폴 드 만 씨가 아닙니까? 폴 드 만은 그 자신도 전쟁 중에 비평 활동을 시작하면서 나치에 동조했던 사람입니다. 과거의 위험스러운 의도의 글을 조사하던 그 즈음에 하이데거라는 대가가 그와 똑같은 잘못을 저질렀다는 것이 드러난 적이 있습니다. 예일 대학에서 선생님이 하신 것은 익히 알려진 개미집에 한 개가 아니라 두 개의 막대를 박은 셈이군요.

지라르: 제대로 보았습니다. 아이스킬로스나 소포클레스 그리고 에우리피데스에 관한 폴 드 만의 학술적인 저술이 어떠한지에 대해서는 새삼 강조할 필요가 없을 것 같습니다.

당시 저로서는 아주 중요한 순간이 있었는데, 그것은 신화에 나오는 쌍둥이들을 뒤섞고 있는 동일성이란 곧 차이들이 분쟁을 낳으면서 붕괴되는 것, 즉 극도의 무질서의 원인에 대한 비유로 쓰이고 있다는 것을 레비-스트로스의 간접 도움 덕분에 깨달았던 순간일 것입니다. 그리스 비극이 이를 잘 보여주고 있습니다.

쌍둥이들은 신화에서 실제 출생 확률보다 더 자주 등장하고 있습니다. 그 이유는 신화가 철학자들도 교수들도 말하지 않고 있는, 모든 사회를 위협하고 있는 무차별적인 폭력과 모방적 위기를 쌍둥이를 통해서 말하기 위해서입니다. 이 위기는 대립을 더 첨예하게 몰고 가는데 그것은 오늘날의 개인주의가 생각하듯이 차이가 강화되어서가 아니라, 오히려 그 차이의 내용을 비우고 있기 때문에, 즉 차이를 없애는 무차별화를 행하고 있기 때문입니다.

그래서 언어는 자신의 근거인 불충분한 기호에 갇혀 있지 않는 쪽으로 작동하고 있습니다. 언어는 물론 저보다는 레비-스트로스가 더 잘 알고 있는 그런 의미에서 상징적입니다. 하지만 우리가 보기에는, 차이를 강조하는 오늘날의 풍조와 '언어학주의'가 적어도 분명 언어에서 유래한 장벽을 만들어낸 것 같습니다. 요컨대 이것이 진실을 말하는 데에는 오늘날의 허무주의보다는 훨씬 더 소질이 있는 것 같습니다.

우리가 차이가 있는 것으로 대립시키고 있는 모든 차이의 금기를 언어는 항상 농락하면서 위반하고 있는 것이 사실입니다. 레비-스트로스의 금기는 문화의 금기만큼이나 효력이 있는 것이 아닙니다. 하지만 아주 엄격한 문화도 결국에는 모두 아낙시만드로스의 그 유명한 카오스에 빠져들고 맙니다. 이 사상가의 유명한 단장(短章)에 의하면 만물은 아페이론(apeiron, 무한한 것)이라 부르는 카오스에서 나오는데, 처음에는 서로가 비슷해서 구별이 되지 않다가 차츰 차이가 나면서, 각기 정해진 사물이 된다고 말하고 있습니다. 아낙시만드로스는, 마지막에는 모방에 의한 상호적 폭력에 의해 "그 시대의 법에 따라 범죄자라고 서로를 벌주면서" 처음의 그 심연으로 다시 떨어진다고 말합니다.[43] 제1장에서도 인용했던 이 범상치 않은 구절 역시 오늘날의 차별주의나 무차별화와 아주 깊은 관련이 있습니다.

바르베리: 선생님은 차이만 고려하는 레비-스트로스의 생각을 차이와 함께 무차별화도 고려하는 생각으로 비판하고 있지만, 클로드 레비-스트로스를 높이 평가하고 있습니다. 제가 보기에는 선생님의 생각이 더 완벽할 뿐 아니라 더 오래된 생각인 동시에 더 현대적인 생각 같습니다. 제가 보기에 두 분은 티격태격하는 사이 같습니다. 선생님 저술에 대해 레비-스트로스가 넌지시 불쾌감을 표한 적이 제 기억으로도 여러 번 있었던 것 같은데요.

지라르: 정확한 지적입니다. 다소 부정적인 언급을 회피할 생각은 없습니다. 하지만 그전에 저는 레비-스트로스의 업적을 과소평가하지 않고 있다는 것을 말하고 싶었습니다. 제 이론에 대해 제대로 읽지 않는 그의 개인적 선택에 대해서도 비난할 생각이 추호도 없습니다.

제가 레비-스트로스를 비난하는 것은 오로지 저와 관련된 부분을 언급할 때뿐입니다. 가령 제 책에 대한 그의 비판과 같이, 그러니까 아주 사소해서 어찌 보면 정말 아무것도 아닌 그런 것들입니다. 아닌 게 아니라 그의 비판을 받았으므로 레비-스트로스가 저를 명예롭게 해주었다고 말하는 식으로 약간 대범하게 나갈 수도 있는 일입니다. 그의 책 어디에도 제 이름은 없습니다. 그래서 그가 쓴 어떤 구절이 나에 대한 비난이라고 해석하는 것은 순전히 제 자신의 추측일 수도 있습니다.

---

43 이 책의 제1장 「폭력과 상호성」에서 이미 인용했던 구절(옮긴이).

레비-스트로스는 제 책을 읽지 않으려고 조심하는 것 같습니다. 제 책을 페스트처럼 멀리하는 그는 지식인 사회에 떠도는 소문을 통해서만 저에 대해 알고 있을 것입니다. 그래도 '희생양'과 집단 폭력이 제 책에서 중요한 역할을 하고 있다는 것은 모르지 않을 것입니다. 그래서 저는 그 모든 것에도 불구하고 특히 그가 최근에 쓴 『토템과 터부』를 믿고 있는 사람들에 대한 멸시를 표하고 있는 한 논문에서, 폭력을 말하려고 '희생양'이라는 아주 저속한 개념을 사용하고 있어 이중으로 죄가 있다고 비난하는 부분을 지적하고 싶습니다. 레비-스트로스가 쓴 표현과 정확히 일치하지 않을지 모릅니다만, 그가 전하려 한 생각은 기억납니다. 그래서 저를 겨냥하고 있었다는 느낌을 피할 수 없었습니다.[44]

인류학을 통틀어서 제가 가장 위대한 발견이라 생각하고 있는 집단 살해 주제를 제외하고는 『토템과 터부』에서 제가 찬양한 것은 아무것도 없습니다. 게다가 이 책의 다른 내용과는 별도의 것이기도 한 이 살해가 제가 하고 있는 집단 살해 가설의 출발점도 아닙니다. 알다시피 그 출발점은 바로 그리스도의 십자가입니다. 그러므로 프로이트와 제 주장 사이에는 공통점이 많지 않습니다. 그러나 레비-스트로스는 그렇게 보지 않습니다. 『토템과 터부』에 대해 미묘한 여러 견해를 가질 수 있다는 것을 레비-스트로스는 보지 못하는 것 같습니다. 이 책의 좋은 점을 거론했다고 그는 저를 프로이트에 완전히 오염된 것으로 여기나 봅니다. 저를 프로이트 인류학을 무조건적으로 따르는 추종자로 보고 싶어서 안달인 사람들은 그 외에도 많이 있습니다.

---

44 Claude Lévi-Strauss, "Apologue des amibes," in Jan-Luc Jamred, Emmanuel Terray et Margherita Xanthacou 등이 책임 편집하여 Françoise Hériter에게 봉정한 책, *En substances*, Paris, Fayard, 2000. pp. 493~96.

레비-스트로스는 프로이트가 『토템과 터부』에서 그렇게 하고 있다고 여기던 것, 즉 인류학에 참된 발생학적 이론을 제공해주는 과업을 제대로 수행할 능력이 없었다고 주장하고 있는데, 저도 완전히 동의합니다. 왜냐하면 프로이트는 연구 태도에 있어서 기원만이 제공해줄 수 있는 의미를 항상 스스로 미리 갖고 있었기 때문입니다.

이런 식의 비판은 옳은 것 같습니다. 그의 비판이 초석적 폭력의 모방이론과 무관하고 그래서 자신도 모르는 사이에 결과적으로 제 모방이론의 가능성을 잘 보여주고 있는데, 그럴수록 저는 더욱더 그의 이런 생각에 동의하게 됩니다.

바르베리: 레비-스트로스는 선생님을 표적으로 공격을 합니다만, 과녁에는 정작 도달하지 못하고 있는 셈이군요.

지라르: 그는 제 책을 읽을 필요가 없다고 생각하고 있습니다. 왜냐하면 제가 『토템과 터부』의 막다른 골목에 뛰어든 것을 보고서 저에게 분명히 무슨 일이 일어났는지 또 앞으로 어떤 일이 일어날 것인지를 저보다도 더 잘 알고 있기 때문입니다.

신화의 집단 살해를 거론하면 제가 『토템과 터부』에 신뢰를 보였기 때문에 당연히 프로이트와 같은 방식이라는 겁니다. 이것이 바로 레비-스트로스가 사물을 보는 방식인데, 앞으로도 변하지 않을 것 같습니다. 제가 굳이 이런 말을 하는 것은, 갈수록 숫자는 줄어들고 있지만 제 책을 읽는 사람들에게, 모방이론은 레비-스트로스 같은 비판을 두려워할 게 전혀 없다는 것을 보여주고 싶어서입니다. 이런 비판은 오히려 모방이론의 가능성을 더 부각시켜주고 있습니다.

레비-스트로스는 제 주장이 『토템과 터부』를 완전히 베끼기는커녕 암초를 피하는 쪽으로 이루어져 있다는 것을 완전히 보지 못하고 있습니다. 오히려 그는 제가 처음부터 프로이트의 암초에 빠져들어 있다고 아주 흡족하게 생각하고 있는 것 같습니다.

바르베리: 인간 사회의 문화적인 진화라는 선생님의 가설에서 집단 살해는 과연 어떤 지점에 위치하고 있는가요?

지라르: 집단 살해에 관한 제 가설은 그들의 '폭군적인 아버지'에 반항한 '원시 유목민'의 '아들'이 범했던 살해와는 아무런 관계도 없습니다. 제가 말하는 살해는 차이가 없어진 짝패들 사이에서 일어나는, 그래서 의미를 만들어내기는 하지만 의미를 요청하지는 않는, 이름도 없는 우연한 현상입니다.

제가 문화의 기원에 대해 이야기하는 것은 '집단 살해' 이전 프로이트의 주장에 많이 들어 있던 모든 의미들을 모방 위기가 다 없애고 있기 때문입니다. 이런 현상은 모든 의미가 사라질 때 쌍둥이와 다름없는 익명의 사람들 사이에서 자동적으로 생겨납니다. 어떠한 자료도 그 기원을 말해주지 못할 만큼 아주 오래전에 이런 의미들이 아직 존재하지 않을 때에도, 이런 현상이 발생하였다는 것이 저의 가설입니다. 가설이 가정적인 것이긴 해도 이런 기원은 레비-스트로스와 같은 구조주의의 시각에서 보면 이론적으로는 충분히 가능한 것입니다.

아주 빈약하지만 폭력도 이를 없애지 못할 정도로 아주 강인하여 모방 위기도 이겨내는 의미들도 분명 있습니다. 이 의미들은 아주 오래된 것이어서 아직은 분명 아주 초보적인 형태이지만 포유류들도 이미 갖고 있는 것들입니다. 양 떼를 덮치는 맹수는 부상이나 손상이나 장애가 있는 약한 놈을 선호하는데, 이들은 생포하기가 훨씬 쉽습니다. 이와 같은 현상은 인류 문화에서도 볼 수 있습니다. 그리스, 인도와 같은 고대 사회에서 집단 살해로 신격화된 사람들의 신체적 특징에서도 이런 현상은 그대로 나타납니다. 희생양을 찾던 사람들은 바로 이런 유형의 개인에게 몰려듭니다. 고대 사회의 신 중에 절름발이가 그렇게 많은 것도 모두 이 때문입니다. 그래서 우리는 모방에 의한 종교의 발생을 동물과 인간의 과도기에 나온 것으로 볼 수 있습니다. 그런데 이 과도기는 아주 길 수도 있을 겁니다.

바르베리: 선생님을 프로이트의 후계자로 보고 있는 사람들은 클로드 레비-스트로스만이 아닌 것 같은데요.

지라르: 네, 맞는 말입니다. 레비-스트로스도 아마 그 글을 쓰기 전에 한 미국인의 글을 읽어보았을 것입니다. 몇 년 전에 그 미국인은 제 주장에 동의한다는 의미를 전달하기 위해, 제가 『토템과 터부』를 보면서 그랬던 것처럼, 모든 인류 역사의 여명에 있던 유일한 살해라는 전적으로 프로이트적인 개념을 제게 붙여 주었습니다.

클로드 레비-스트로스는 또 유명한 인류학자인 모리스 블로흐의 논문도 보았을 겁니다.[45] 저의 위상을 정확하면서도 빠르게 포착하기 위해 블로흐는, 제 기억이 틀리지 않다면, 제 이름을 부른 다음에 아주 흔쾌히 '프로이트적인'이라는 꼬리표를 붙여주었습니다. 모리스 블로흐가 보기에 저는 둘도 없는 프로이트 추종자였던 모양입니다.

그 꼬리표가 기분 나빴던 것은 물론 아닙니다. 하지만 제가 프로이트에게서 유일하게 높이 평가하는 것이 집단 살해이며 이 정신분석학의 창시자에 대해 그것을 제외하고는 제가 어떤 말도 하지 않는다는 것을 감안하면, 저에 대한 이런 비난도 잘못이지만 무엇보다 이런 꼬리표가 정말 잘못된 것이라는 것을 알 수 있을

---

45 Maurice Bloch, "Divine violence," *Le Monde de l'éducation*, n° 258, avril, 1998 참조.

것입니다. 만약 다음에 모리스 블로흐가 저를 다시 거명한다면 이렇게 부탁드리고 싶습니다. 다소 환상적인 어조로 제 이름 앞에 '은퇴한 카우보이'라든지 '잉카의 농부'나 '한국의 치과의사' 같은 꼬리표를 붙여달라고 말입니다. 그런 꼬리표는 전혀 성가시지 않을 것 같습니다. 왜냐하면 그들의 관심은 진리가 아니라 환상이고 저로서도 그게 더 좋기 때문입니다. 바로잡기는 오해가 더 쉽습니다.

8. 실증주의와 해체주의

바르베리: 인류학적인 측면에서 볼 때 궁극적인 것에 대한 이해에는 하나의 경계가 있는 것 같습니다. 그것을 넘어서면 사람들이 감추어진 토대를 볼 수가 없는 그런 경계선 말입니다. 그 토대에 대해 우리는 몇 가지 가정은 해볼 수 있지만 실제로 경험적으로 알 수는 없을 것입니다. 선생님 작업과 관련해서 과학적 가설의 성격을 항상 주장하였던 것은 이런 의미에서 일관성이 있는 것 같습니다.

지라르: 모방이론은 인류학적인 시각에서 완전무결한 것이기를 바라지 않고, 단지 하나의 종교적 유형에서 다른 유형으로 넘어가는 과정을 설명할 수 있기를 바랄 뿐입니다. 그 외의 다양한 변형체들을 모두 거론할 생각도 없습니다. 이론적인 면에서 보자면 이런 변형체들은 설명에 비해 그다지 흥미도 없습니다. 엄청난 다양성을 비교하는 작업은 물론 항상 옳은 태도이지만 그다지 중요한 것은 아닙니다. 그 핵심에는 항상 희생양이 있기 때문입니다. 모방이론은 고대 종교에 대한 독특하고도 핵심적인 설

명을 찾고 있기 때문에 겉으로는 분명 상대주의에 반대하는 것으로 보일 텐데, 실증주의 인류학은 이런 식의 설명에 대해 아주 관심이 많을 것입니다. 하지만 모방이론은 이 설명을 실증적으로 찾아 들어가지 않습니다. 하지만 실증주의자 취급을 받을 때 그다지 서운한 것은 아닙니다.

실증주의가 무엇인지에 대한 기술적인 정의는 그만두고, 여기서 분명히 말하고 싶은 게 있습니다. 모방이론과 이 이론을 통한 신화 해명이 너무 많은 것을 설명하다 보니 옳지 않은 것이 없을 정도라는 것이 그것입니다. 탐정소설처럼 단서들이 너무 많을 때는 더 이상 그것을 일치하는 단서로 판단할 수 없는 것과 같습니다. 가령 장애자와 불구자들을 예로 들어봅시다. 수많은 신화 이야기에서 모방이론은 이들의 존재를 설명하고 있습니다. 그 사람이 죄인이 아니란 것을 알기 때문에 더 이상 희생양으로 선택할 근거가 없어지면 사람들은, 못생긴 아이나 외국인 등을 마치 학생들이 종종 그러는 것처럼 희생양으로 선택합니다. 신화에는 외국인이 정말 믿기 힘들 정도로 많이 등장하고 있습니다. 이들은 왜 모두 외국인이고 또 왜 모두 절름발이일까요? 이 모든 것들이 모여서 추방되는 희생양의 장애자 이미지를 만들고 있습니다. 이 징후들을 모두 설명하는 것이 바로 제 작업의 과학적 성격을 말해주고 있다고 볼 수 있습니다. 제 이론을 의심하는 사람이 바로 제 이론의 가장 좋은 설명을 하는 결과를 초래하거나 하는 수 없이 인정하는 결과를 낳는 것도 바로 제 작업의 이런 과학적 성격 때문일 겁니다. 오늘날 사상은 여러 모습의 이상주의 뒤에 숨어서 이런 선택을 피하려 합니다. 저는 진정으로 과학적 관점에 서 있습니다. 이것은 제 이론을 이해하는 데에 정말 중요합니다.

바르베리: 과학적 관점이란 결국 실제 현상에 대해 가장 많은 설명을 해줄 수 있는 것이 가장 그럴듯한 가설임을 인정한다는 것이겠지요.

지라르: 더 많은 것을 설명해줄 수 있는 가설이 아직 더 있을 수도 있습니다. 우리는 항상 또 다른 가설이 있다는 것을 전제로 하는데, 하지만 결국은 하나의 추측입니다. 모든 과학 이론은 오류일 수 있다는 칼 포퍼의 주장은 제 길로 주행하고 있지 못합니다. 태양이 지구를 도는 것이 아니라 지구가 태양을 돈다는 사실에 대해서는 더 이상 아무도 토를 달지 않습니다. 피가 우리 몸을 돈다는 것도 마찬가지입니다. 이런 것들은 모두 과학적 가설이라기보다는 경험의 결과입니다. 태양이 뜨는 것을 보면서 태양이 땅에서 솟아난다고 생각하는 사람은 아무도 없습니다. 지구가 돌고 있다는 것을 아주 잘 알고 있기 때문입니다. 그래서 지구가 도는 것을 당신이 보았다는 말이 생겨날 수도 있을 것입니다. 중세의 마녀 추방도 이와 똑같습니다. 마녀 추방 이야기를 듣고 누군가가 "그래 이것은 하나님께서 개입하신 거야!"라고 말한다면 당신은 어떤 생각을 하게 될까요? 모르긴 몰라도 분명 그 사람을 우습게 볼 것입니다. 그 사람 말이 완전히 틀렸다는 것을 분명히 알기 때문입니다. 이를 증명하기 위한 단서들도 너무나 많아서 굳이 과학적 가설을 세울 필요도 없을 것입니다. 중세에는 사람들이 때로 '아무런 이유도 없이' 유대인들을 죽였다는 것은 논쟁의 여지가 없는 사실일 겁니다. 유대인들이 실제로 페스트를 퍼뜨렸는지 궁금해하지도 않을 것입니다. 그런 말을 하는 것은 비단 사회적인 압력 때문만은 아닙니다. 그보다 먼저 우리는 그것이 희생양이라는 모방적 현상이라는 것을 알고 있습니다. 마녀 추방이 15세기에 일어난 일이기에 사람들은 다들 직

감적으로 모방이론이라는 토대에 기초한 설명으로 치닫게 됩니다. 하지만 그런 단계를 너무 빨리 지나치다 보니 그 토대가 되는 모방이론을 깨닫지 못할 때가 많습니다. 그래서 '의식의 직접적 소여' 때문이라고 느끼기도 합니다. 그런데도 사람들은 중세의 박해를 이야기하고 있는 기록과 오이디푸스의 기록이 그 구성에서도 그리고 그 주제에 있어서도 완전히 똑같다는 설명을 받아들이지 않고 있습니다. 하지만 이런 설명은 사실입니다. 오늘날 우리가 중세의 마녀 추방 이야기의 신비를 아주 자연스럽게 벗겨내는 것과 똑같이 모방이론이 신화의 신비를 벗겨내는 것이 너무나도 자연스럽고 또 자명한 것이 될 날이 분명 언젠가는 올 것입니다.

바르베리: 사실과 해석의 관계에 대한 질문도 피하면서 객관성에 의지하기 위해 실증주의자들은 완전히 상대주의자가 되는 것인가요?

지라르: 한꺼번에 너무 많은 것을 묻는군요. 하지만 우리는 대부분의 경우 기본적인 데이터들이 일반적인 의미의 이런 실증적 해석에 의해 잘 해명되고 있다는 것을 잊어서는 안 됩니다. 우리가 알고 있는 민족학 자료들은 모두 이 실증주의 덕분입니다. 만약 실증주의가 없었다면 우리는 문헌 하나 없는 고대 사회에 대해서는 어떤 것도 제대로 알지 못할 것입니다. 이들이 전해준, 19세기의 의미로 아주 사실적인 '데이지 꽃 높이로'라는 묘사는 지금은 정말 아주 대단한 의미를 갖고 있습니다. 이 표현의 의의는 고대 사회의 이해에서 헤로도토스가 차지하고 있는 것만큼 의의가 있지만 그보다 더 뛰어난 것은 헤로도토스보다 이 표현은 신화와 훨씬 덜 관련되어 있기 때문입니다. 신화가 있다 하더라도 눈과 귀를 통해 관찰한 사람의 보고는 거의 항상 더 뛰어납니

다. 그러므로 우리가 겸손한 태도를 취할 때, 비록 순진한 단계의 것일지라도 통속적인 실증주의가 어떤 사회에 대한 신뢰할 만한 민족학적 자료를 제공해주었다는 것을 이해할 수 있게 됩니다. 이들이 제공해주는 자료 외에는 다른 자료가 없기 때문에라도 우리는 이것에 의지해야 합니다. 이 자료들은 이에 대해 우리가 어떤 이의 제기도 하지 못할 정도로 서로가 완벽하게 일치하고 있습니다.

달리 말하자면, 오늘날 우리는 19세기 말과 20세기 초의 인류학을 종합할 수 있을지도 모릅니다. 가령 유명한 『황금가지』를 쓴 조지 프레이저를 예로 들어봅시다. 그는 희생양에 대해 얼마나 몰랐습니까! 그가 모든 범주의 희생자들을 지칭하기 위해 '희생양'이라는 표현을 사용할 때 그는 사실 그 자신만의 범주를 만들어낸 것인데, 자신이 만든 이 범주는 때로는 다소 자신이 없었지만 종국에는 제 방향을 찾아갔습니다. 프레이저가 그렇게 망설인 것은 자신이 몸담고 있던 세계 그리고 자기 자신에게서는 희생양을 인정하고 싶지 않았기 때문입니다. 오늘날 사람들은 빅토리아 시절의 영국에서는 희생양을 찾아내면서도 고대 사회에서는 더 이상 희생양을 찾아내려 하지 않습니다. 금지되어 있는 것이지요. 프레이저는 오늘날의 해체주의자들이 보지 못하고 있는 것을 보았습니다. 그러나 그는 다른 사람들에게서 희생양을 보았지만 빅토리아 왕조의 영국에서는 보지 못했습니다. 오늘날의 사상은 마치 폭력을 보지 않으려고 숨바꼭질 놀이를 하고 있는 듯합니다. 어떨 때는 타인들에게서 폭력을 보지만 자신에게서는 보지 못하기도 하고, 또 때로는 자신에게서만 폭력을 보고 타인들에게서는 전혀 보지 못하기도 합니다. 이 두 가지 경우는 궁극적으로는 같은 것입니다. 그러나 지금 우리가 우리 자신에게서 폭력을 보고 있다는 것은 희생 위기가 극심해지고 있는 징후이자, 그래서 우리가 진실을 향해 가고 있다고 기대할 수 있는 징후이기도 합니다. 희생양 이론을 입증하는 최선의 방법은 다른 곳에만 희생양이 있다고 여기던 19세기 사람들과 우리 자신에게서만 희생양의 존재를 보고 있는 우리들을 비교하는 데에 있습니다. 이 둘을 모아놓으면 진실에 제대로 이를 수 있을 것이기 때문입니다.

바르베리: 모방이론이 꾀하는 것이 그런 것이군요. 그런데 그 구체적인 작업은 어떻게 할 수 있을까요?

지라르: 모방이론은 역사적인 진화 혹은 균열이라는 진화 개념을 도입함으로써 그 작업을 하고 있습니다. 모방이론은 시대착오적인 도덕적 판단을 내릴 위험을 피하기 위해 시간을 도입할 수밖에 없습니다. 만약 당신이 시간 개념을 온전히 도입하게 되면 고대 문화를 비난하는 일은 없을 것입니다. 오늘날 과거의 희생양을 복권시킨 것은 정말 잘한 일입니다! 그래서 우리는 우리 선조보다 뛰어나다고 생각하게 됩니다. 하지만 대부분의 사람들은 바로 그 순간 우리 스스로 우리 선조를 희생양으로 만들고 있다는 것은 까마득히 잊고 있습니다. 그 순간 우리는 자신들의 명예를 위해 조상들이 죽인 예언자들의 무덤을 친절하게 단장하고 기념비를 세워놓은, 예수가 말하던 그 바리새인과 똑같습니다.[46]

바르베리: 갈수록 차이가 사라지는 현상을 두고 평화의 희망이라고 보고 있는 오늘날의 세태는 아마도 선생님이 제기하는 근본

---

46 "율법학자와 바리새인들아, 너희 같은 위선자들은 화를 입을 것이다. 너희는 예언자들의 무덤을 단장하고 성자들의 기념비를 장식해놓고는 '우리가 조상들 시대에 살았더라면 조상들이 예언자들을 죽이는 데 가담하지 않았을 것이다'라고 떠들어댄다. 이것은 너희가 예언자를 죽인 사람들의 후손이라는 것을 스스로 실토하는 것이니라"(「마태복음」 23:29~31— 옮긴이).

에 대한 질문을 희생적이거나 아니면 정치적으로 옳지 않은 것이라고 여기고 있는 것 같습니다. 그 대신에 '차이의 사상'이 널리 퍼지고 있는데, 이 사상은 사고의 대상에게도 현실의 실제 대상의 속성을 그대로 옮겨놓고 있는 듯합니다. 이런 추세를 보다가 느낀 것인데요, 지금 이 시대는 정말 마지막 안간힘을 써서 철학의 자기 도취를 외치고 있는 시대인가요?

지라르: 질문의 높이에 맞는 답변을 해야 할 것 같군요. 차이 소멸 현상을 사회 질서의 문제로 간주하고 있는 모방이론은 이런 현상이 과연 어떤 시기 어떤 장소에서 일어나는지를 지적하고 있습니다. 실증주의의 시각에서는 차이가 있는 사회와 차이가 없는 사회의 차이점을 구분하지 못할 것입니다. 인간관계가 문제이기 때문입니다. 셰익스피어가 잘 보여주고 있듯이 차이에서 무차별로 넘어갈 때 사회 현실에는 어떤 변화가 일어납니다.

그런데 이런 변화들은 개인간의 모방적 관계를 보여주고 있는 거울과 같은 것이어서 그것 자체로 본질적인 것은 아닙니다. 이 모방 관계가 '외적 중개'에서 나왔다면 차이는 모두 그대로 존속하고 있습니다. 하지만 '내적 중개'에서 나오고 있다면 차이는 모두 불안정하고 유동적이게 됩니다. 카오스를 향해 치닫는 중이라고 말할 수 있겠죠. 이런 점에서 우리는 해체를 인간관계적 차원에 대한 생각의 수동적인 연장으로도 이해할 수 있습니다. 해체주의자들은 무질서와 차이 소멸의 과정을 피할 수 없는 절대적인 것으로 보고 있습니다. 다시 말해 그들은 외적 중개를 하는 사람들 사이에 사회적인 차이가 있을 수 있다는 것을 인정하지 않는다는 말입니다. 이런 것은 철학의 마지막 안간힘이라기보다는 자원도 고갈된 최근 철학의 경향으로 보는 것이 나을 것 같습니다.

바르베리: 해체주의자들은 차이 소멸 과정이 스스로의 차이를

만들어내리라 기대하면서 찬양하고 있는 것 같습니다. 그렇지만 차이의 기원에 대한 질문은 꺼리고 있는 이런 경향은 결국 차이에 비례하는 이상화로 치닫지 않을까요?

지라르: 해체주의자들이 말하는 차이는 별 의미도 없는 것입니다. 공통점이 없는 차이들은 결국 어떠한 차이도 없습니다. 기록 밖의 실제 폭력과 아무런 관계도 없는 차이는 어떠한 역할도 하지 못하는 차이가 됩니다. 이와는 달리 복음서와 신화는 공통점이 너무나도 많이 있기 때문에 그 차이 또한 아주 의미심장한 것이 됩니다. 하지만 해체주의자는 '신화와 복음서라고? 모파상의 단편과 체홉의 단편은 아주 다르다. 하지만 그 차이는 명확히 포착할 수가 없다'고 말할지 모릅니다.

간단히 말해서 무차별화 과정만 있기에 차이만 있는 것인데, 이런 차이들은 어떤 차이도 만들지 못하기 때문입니다. 우리의 성찰이 토대, 즉 동일성에 뿌리박고 있을 때에만 그런 차이들도 의미가 있을 수 있습니다. 신화에서는 반복적으로 나타나는 것으로 이 토대를 확인할 수 있습니다. 똑같은 식으로 표현되고 있는 현상이 그토록 많이 있다는 것은 그 이면에 희생양이 실제로 있었다는 것을 말해주고 있습니다. 신화와 복음서가 유사하다는 사실 때문에 그 차이는 터무니없는 것이 아니라 분명한 것일 수가 있는 것입니다. 드레퓌스 사건도 마찬가지입니다. 어떤 사람들은 드레퓌스의 유죄를 주장하고 또 다른 사람들은 무죄를 주장하는데, 그들이 접한 모든 데이터는 똑같습니다. 한 번 더 말하지만 유죄냐 무죄냐 하는 문제만 제외하고는 모든 게 똑같습니다. 사실에 들어 있는 절대적인 차이가 문제입니다. 이 절대적 차이를 해체주의는 고려하지 않는 것입니다. 그들은 사실은 결코 없으며 오로지 해석만 있다고 보고 있기 때문입니다. 드레퓌스 사건의 해설은 해설일 뿐이지만 드레퓌스 사건 자체는 실제 사건이며 감옥도 실제의 감옥입니다. 드레퓌스 사건의 해설들은 실제 드레퓌스 사건에 대한 옳거나 틀린 해석들입니다. 해체주의자들은 결국 현실에 뿌리박고 있는 공통적 요소를 내버리고 있습니다.

바르베리: 선생님이 보여주고 있는 실증적 태도에 대한 신뢰는 말씀을 듣고 보니, 소위 해석이라고들 부르고 있는 아주 주관적인 합리화를 수반하는 주관적 해석이 급증하고 있는 현상에 대한 반응으로 볼 수 있을 것 같은데, 선생님 생각은 어떻습니까?

지라르: 네, 제대로 보셨습니다. 실증주의자들은 사실만 있다고 보고 있고 오늘날의 니체주의자들은 해석만 있다고 보고 있습니다. 제가 보기에는 사실도 있고 해석도 있습니다. 니체가 '차이는 해석 안에 있다'고 말했을 때 그는 신화와 기독교에 관한 아주 중요한 어떤 것을 말하였습니다. 하지만 그로서는 두 가지 신화적 해석만 중요했으므로……

바르베리: 그래서 선택은 그 개인의 미적 영역에 속할 수 있었군요. 그런데 선생님, 자의적이지도 주관적이지도 않고 또 개인의 단순한 기분에 따른 것도 아닌 선택을 하려면 어떻게 해야 하는 걸까요?

지라르: 드레퓌스를 무죄로 보는 해석과 유죄로 보는 해석을 구분하는 분명한 철학적 기준은 없습니다. 그러나 이런 불확실성은 드레퓌스파의 해석의 신빙성을 떨어뜨리고 있는 것이 아니라 오히려 철학의 신빙성을 떨어뜨리고 있습니다. 짐작하시겠지만, '틀린 해석'이니 '옳은 해석'이니 하는 말을 하면, 해석의 가치는 똑같지 않다고 본 니체 생각이 계속 납니다. 하지만 니체는 그리스도에 반해서 디오니소스를 택하는 틀린 선택을 하였습니다. 니체를 되살리는 해체주의자들은 그와는 달리 종교의 계보

에 대해 어떤 입장도 취하지 않으려 합니다. 그래서 저는 이들에게 '당신들은 디오니소스적인 의미의 희생이 필요하며 인간 쓰레기는 제거해야 한다고 말하는 니체에 동의합니까?'라는 질문을 던지고 싶습니다. 이 질문에 부정으로 대답한다면, 그것은 분명 정말 도덕적인 태도입니다. 그러나 불행스럽게도 철학적인 입장에서는 정말로 자의적인 태도입니다. 니체가 계보라고 불렀던 것은 사실 기독교의 계보였습니다. 하지만 그는 그리스도에 반해서 디오니소스를 선택하면서 계보를 세울 수 있었습니다. 니체의 계보에서 중요한 것은 종교입니다. 그의 계보 중에서도 가장 핵심적인 내용에서 저는 신화와 기독교의 차이뿐 아니라 공통점도 발견했습니다. 아시다시피 여기서도 언제나 사실과 해석의 구분이 문제가 되고 있습니다. 그러나 해체주의자들은 종교와 희생에 대한 문제 제기를 제거함으로써 이 모든 선택을 피해갑니다.

바르베리: 해체주의자들이 계보를 회피하고 있습니까?

지라르: 그들이 말하는 계보는 중요하지 않은 사소한 모든 것들을 의미합니다. 저의 최근 책에서 말한 적 있듯이, 후기 니체의 종교에 대한 문제 제기를 거부함으로써 해체주의자들이 이렇게 할 수 있는 핑계를 제공해준 사람은 바로 하이데거입니다. 정말 잔꾀로밖에 볼 수 없는 행동입니다. 제 생각에 '신의 은퇴'라는 하이데거의 생각은 '신의 죽음'이라는 니체의 생각과는 정반대되는 개념입니다. 하이데거는 '신의 죽음'이라는 개념이 그리스도를 너무 떠올린다고 보았습니다. 그래서 '신의 죽음'이라는 개념을 '신의 은퇴'라는 개념으로 대체하는 것이 더 낫다고 보았습니다. 하지만 하이데거로서는 종교에 관한 니체의 문제 제기를 삭제할 필요가 있었습니다. 그는 니체와 유일신인 유대교를 경쟁 관계로 보는 듯합니다. 바로 모방적 경쟁 관계를 말하는 것이겠지

요. 하이데거에게 경쟁 개념은 깊이는 있지만 아주 교묘한 개념으로 보였을 겁니다. 하지만 경쟁은 아주 근본적인 개념이라서 오늘날의 세계에서도 니체가 이 성서적인 특성을 볼 정도로, 지워질 수 없는 개념입니다. 하지만 결과적으로 하이데거는 현대 사회의 성서적 특성에 대한 니체의 직관을 보여주는 징후들을 지워버리거나 아니면 이런 직관을 쓸모 없는 것으로 만들고 말았습니다.

바르베리: 니체의 직관을 마치 기독교와의 경쟁에서 나온 단순한 심리적 결과인 것처럼 취급했다는 말씀이죠?

지라르: 네, 말하자면 경쟁 관계의 해로운 결과라고 본 것이지요.

바르베리: 언젠가 선생님은 "문제는 폭력이 수그러들게 하는 것이다. 하지만 나로서는 분쟁을 유발하는 폭력에 대한 자각만으로도 폭력을 충분히 없앨 수 있다는 생각은 설득력이 없다고 생각한다. 플라톤의 작업은 희생양 메커니즘을 드러내지 못하고 있다. 왜냐하면 이런 문제에 대해 철학은 제대로 파고들지 못하기 때문이다"[47]라고 말한 적이 있습니다. 이 말을 듣고 저는, 선생님은 플라톤이 말하는 재현(모방과 대치되는 허구)을 옛날의 금기가 변한 것으로 보는 것이 아닌가 하고 생각해 보았습니다. 모방으로 야기되는 폭력에 대한 자기 나름의 면역 체계로 말입니다.

지라르: 저는 물론 분쟁을 낳는 폭력에 대한 자각이 폭력을 없애는 데 충분하다고 말하지 않았습니다. 고대 종교에서 폭력을 물리치는 것은 자각이 아니라, 금기와 제의들입니다. 금기는 폭력에 적합한 상황을 없애려고 애쓰고 있으며, 제의는 그 역시 폭력적인 배출구를 제공함으로써 더 무서운 폭력을 덜 무서운 폭력으로 돌리고 있습니다.

---

47 Markus Müller, "Interview with René Girard", *Poetics* II, n.1, June 1996 (Departement of French, UCLA) 참조.

흔히 플라톤이 시를 반대했다고 보고 있습니다. 하지만 저는 호메로스와 그리스 비극에 나타나고 있는 것과 같은, 종교적 폭력을 폭로하는 것을 플라톤이 반대한 것으로 보아야 한다고 생각합니다. 그는 폭력을 감추려는 세력, 즉 그 안의 아주 도덕적인 것 속에서의 희생제의적 권력에 가담하고 있습니다. 저는 이제 막 아주 도덕적이라고 말했습니다.

오늘날 폭력에 저항하는 데에는 두 가지 태도가 있습니다. 첫번째 태도는 흔히 폭력을 잘 알지도 못하면서 폭력을 없애려 하는 철학의 태도입니다. 두번째는 철학자 중에서 폭력을 감추면서도 폭력에 대해 가장 많이 이야기하는 플라톤의 태도입니다. 플라톤은 의도하지 않았지만, 그는 폭력에 대해 어느 누구보다도 많은 것을 밝혀주고 있습니다. 플라톤이 시에 반대한다고 말하는 사람들은 플라톤의 말을 너무 잘 따르고 있어서, 플라톤이 폭력을 검열하고 있었다는 것을 제대로 깨닫지 못하고 있습니다. 플라톤이 시를 거부한 것은 그 자신의 미학적인 기준에 따른 것이라고 말하는 사람들이 있습니다. 하지만 플라톤의 입장은 그렇게 느긋한 입장이 아니라 아주 중대한 기로에 처한 것이었습니다. 철학과 기독교의 갈림길에 처해 있었다고 말할 수 있습니다. 소크라테스 이전의 철학자들보다 플라톤은 폭력의 위험을 훨씬 더 잘 이해했습니다. 플라톤에게 있어 이런 위험을 깨닫는 것은 생사가 걸린 정말 중요한 문제였던 것입니다. 이 문제에 대해서는 해체주의자들도 관심을 표하고 있습니다. 데리다는 플라톤이 종교적 폭력을 꺼려했다는 것을 밝히면서 플라톤이 '파르마코스'라는 어휘를 사용하지 않았다는 것을 꼬집어내고 있습니다. 이 말은 플라톤의 글에 한 번도 등장하지 않는 유일한 말이라는 겁니다. 이것과 이 낱말은 다 나오지만 이 파르마코스의 의미로는 안 나온다는 것입니다.[48] 이것은 정말 대단한 발견인데, 제가 보기에 데리다는 완벽하게 객관적이고 또 과학적인 사람 같습니다.

소크라테스 이전 철학자들을 통해 우리는 신화에서 한 걸음 물러난 셈인데, 이 같은 뒷걸음질Schritt zurück은 필요합니다. 그리고 모방이론을 통해 우리는 두번째 뒷걸음을 치고 있습니다. 뒤로 물러선 우리는 이제 모방이론이 성서를 통해 밝혀놓은 신화의 참모습을 통해서 신화를 온전히 이해할 수 있을 것이라고 생각합니다.

바르베리: 그리고 기독교도 온전히 이해할 수 있을까요?

지라르: 같은 것이겠지요. 기독교의 행로는 플라톤과는 정반대입니다. 저는 요즘 철학이 사실을 도외시하는 것이야말로 오늘날 상상할 수 있는 가장 놀라운 일이라고 입버릇처럼 말하고 있습니다. 철학이 현실을 무시하도록 도와주고 있는 것은 아마도 철학이 요즘 행사하고 있는 점점 커져가는 영향력 때문인 것 같습니다. 이런 영향력은 마치 하나님의 계시와도 유사합니다. 그러나 하나님의 계시는 '최후의 순간' 명백하게 밝혀질 것이라고 저는 생각합니다. 정확한 이유는 묵시록이 진실 앞에 세워둔 신화와 철학이라는 스크린의 종말이기 때문입니다. 사람들은 이 진실을 원치 않기 때문에, 이 종말은 폭력적으로 우리에게 다가오게 될 것입니다.

대부분의 사람들은 모방의 진실을 여전히 깨닫지 못하고 있는데, 그것은 이 진실에는 그리스도가 은근히 들어 있기 때문입니다. 기독교인이라면 오늘날의 세상에 대한 반성과 함께 이 세상이 너무나도 취약하다는 생각을 하지 않을 수 없을 것입니다. 저

---

48 Jacques Derrida, "La pharmacie de Platon", dans *La dissémination*, Paris, Seuil, 1972, pp. 148~49 참조..

는 이렇게 취약한 세상을 살아가는 유일한 방법이 바로 종교적 믿음이라고 생각합니다. 달리 말하면 이것은 파스칼이 말하던 '위락divertissement' 같은 것으로, 일종의 현실 부정입니다. 당신도 알다시피, 파스칼은 이 최후의 순간에 대해 다시 많은 관심을 갖게 되었는데, 위락이라는 이 개념은 아주 강력합니다! 하지만 알다시피 그에게는 무언가가 결핍되어 있었습니다. 결코 힘든 인간관계를 경험해보지 않았던 것이 그것입니다. 조숙한 재능으로 타인의 질투를 산 적은 있지만 학문에서조차 결코 경쟁을 경험해보지는 않았습니다.

그는 위락과 심심풀이의 중요성을 알았던 학자입니다. 하지만 그는 가령 셰익스피어나 세르반테스가 잘 보여주고 있는 삼각관계 연애 같은 경쟁은 한 번도 경험해보지 못했습니다. 그러므로 그는 라신이 연애 사건에서 보았던 것을 보지 못했습니다. 욕망을 부정하는 것이 바로 그 욕망의 작동을 말해주고 있는 것으로 해석할 수 있는 그런 연애 사건 말입니다. 희한하게도 르네상스 시대의 프랑스 위인들은 공통적으로 이런 성향을 갖고 있습니다. 가령 몽테뉴에게는 경쟁자가 되는 모델이 없었습니다. 친한 친구 라 보에티도 경쟁 관계나 문제가 생겨나기 이전에 죽습니다. 그들에게는 무언가가 결핍되어 있는데 그 정도는 파스칼보다 몽테뉴가 더합니다. 신앙에 깊이 빠져 있던 파스칼에게 부족한 부분을 이 신앙이 보완해주었기 때문입니다.

바르베리: 레츠 추기경과 별로 사이가 좋지 않았던 라 로슈푸코에 의하면 레츠 추기경은 심한 경쟁 관계에 있었다고 합니다.

지라르: 그 추기경은 비록 파스칼과 같은 뛰어난 재능은 없었지만, 병약하고 외로웠던 파스칼에게 부족했던 사람들과의 인간관계는 많이 경험했습니다. 몽테뉴는 이른바 '치즈 속의 생쥐'라 불리

고 있는 프랑스의 성공한 부르주아를 진정으로 예고하고 있습니다.

바르베리: 선생님은 몽테뉴의 태평함을 일종의 사회적 무관심처럼 보고 있는 듯합니다. 그렇다면 선생님은 가령 도스토예프스키의『백치』에 나오는 미슈킨 공작의 말처럼, 연애 경험은 "생에 대한 유일한 최후의 가능성"이라는 주장에서도 이와 비슷한 위험성을 느끼지 않으시는지요?

지라르: 미슈킨 공작은 양면성이 있는 모호한 인물입니다. 많은 사람들이 범하고 있는 잘못 중 하나가 이런 인물을 정말로 좋은 사람으로 간주하는 것입니다. 도스토예프스키의『작가 수첩』은 미슈킨 공작이 마치『악령』의 스타브로긴과 흡사하게 아무런 욕망도 없는 인물임을 전해줍니다. 스타브로긴에 있어 욕망의 부재는 죽음의 충동을 불러올 정도로 지독한 걱정거리입니다. 그는 자신에게 없는 욕망이 타인을 통해 생겨나도록 온갖 수를 다 씁니다. 모방적 욕망이지요. 이 모방적 욕망은 결투 장면에서 잘 나타납니다. 그는 결코 냉정을 잃는 법이 없기 때문에 모든 결투에서 다 이깁니다. 미슈킨의 태도도 이에 비견할 만한 것 같습니다. 도스토예프스키는 자기보다 개성이 강한 사람을 만날 때면 그런 개성이 과도한 욕망 탓인지 아니면 전혀 욕망이 없는 탓인지 곰곰이 따져보곤 했습니다.『작가 수첩』에 실려 있는 기록은 스타브로긴과 미슈킨이 같은 결핍을 가진 괴물 같은 인물임을 보여주고 있습니다. 미슈킨도 사람들에 대해 부정적인 인상을 갖고 있는데 이볼긴 장군에 대한 태도가 대표적인 예가 될 겁니다. 그에게는 모방적 욕망이 없기 때문에 여자들의 사랑을 쉽게 획득합니다. 여자들은 그의 희생양이라고 할 수 있을 겁니다. 물론 그 자신은 무슨 일이 일어나는지 깨닫지 못하고 있는 것 같지만 말입니다. 그가 깨닫지 못하는 것은 모방적 욕망을 알지 못하기

때문이 아닐까요? 이런 경향은 아마 일종의 신체적 결함이나 생물학적인 결핍에 가까운 것 같습니다. 또 때로 미슈킨은 불교 신도 같기도 합니다. 『백치』의 한 인물은 미슈킨이 전략적으로 그렇게 하고 있는 것은 아닌가 하는 의문을 제기합니다. 그의 태도가 과연 전략에서 나온 것인지의 여부는 아무도 모릅니다. 이 의문에 대해서는 도스토예프스키 자신도 대답하지 않는 것 같습니다.

바르베리: 니체의 예수 해석에도 이런 문제가 들어 있지 않을까요? 『적그리스도』에서 예수를 백치처럼 그리고 있는 것을 보면 말입니다.

지라르: 니체는 그리스도와 기독교를 구분하려 합니다. 그만 그렇게 한 것이 아닙니다. 하지만 저는 순진한 그리스도라는 니체의 해석에 맞서 앞에서도 나왔던 예수의 말을 자주 인용합니다. "율법학자와 바리새인들아, 너희 같은 위선자들은 화를 입을 것이다. 너희는 예언자들의 무덤을 단장하고 성자들의 기념비를 장식해놓고는 '우리가 조상들 시대에 살았더라면 조상들이 예언자들을 죽이는 데 가담하지 않았을 것이다'라고 떠들어댄다. 이것은 너희가 예언자를 죽인 사람들의 후손이라는 것을 스스로 실토하는 것이니라"(「마태복음」 23:29~31). 그리스도는 과거가 모방적으로 되풀이될 것을, 즉 모방 메커니즘을 밝혀주고 있습니다. 아들이 자신은 폭력에 물들지 않았기에 아버지보다 더 잘하고 있다고 믿는 것도 바로 이 메커니즘 때문입니다. 오늘의 상황이 바로 이렇습니다. 유대인들이 선지자들을 위해 거짓 무덤을 만든 것은 사실입니다. 복음서가 이런 말을 만들어서 덧붙인 것이 아닙니다. 이것은 만들어낼 수 있는 그런 말이 아니기 때문입니다. 이런 말은 대단한 심리적 통찰력에서 나오는 말입니다. 이런 말을 하는 자가 순진한 사람일 수는 없습니다. 미슈킨이나

스타브로긴 같은 사람은 더더욱 아닙니다.

바르베리: 철학과 인문학에 들어 있는 전통적인 모든 가설들에 반해서 선생님이 주장하는 방법을 '합리적 리얼리즘'이라고 부를 수 있겠습니까?

지라르: 어쩌면 그럴 수도 있겠네요. 하지만 저는 방법에 대한 확신도 없고 철학도 없습니다. 말하자면 저는 명령과 같은 철학의 금기를 이해하지 못하겠습니다. 오늘날 흔히 볼 수 있는 '사실의 거부' 같은 것이 철학의 금기의 좋은 예입니다. 때로 이해될 때가 있지만 그래도 개인적인 감정과 참여를 배제하는 것은 저는 여전히 이해가 안 됩니다.

바르베리: 선생님 가설의 전개 과정에 들어 있는 합리주의는 인간의 문화와 질서를 이루고 있다는 점에서 전통적인 환상을 만들어낼 수 있지 않을까요?

지라르: 그럴 수도 있겠네요. 하지만 그렇다면 하나님의 계시에는 이성의 환상을 뛰어넘는 것이 들어 있다는 말도 같이 해야겠습니다. 사람들의 관계가 상대적으로 좋을 때는 그들이 몸담고 있는 현실과 세상에 대해 더 잘 성찰할 수 있을 때입니다. 이성이라는 위대한 원칙으로 되돌아올 수가 있다는 말입니다. 토마스 아퀴나스의 철학을 봅시다. 아퀴나스의 철학은 우리가 모순이라고 느끼는 것에 별 관심도 없는 것 같고, 그 대신 아리스토텔레스적인 중세의 양식과 같은 본질을 향하고 있습니다. 아리스토텔레스 철학은 사실과 실재 자료를 피하려 하던 18, 19세기의 독일과 프랑스의 관념론보다 대상을 더 진지하게 보고 있습니다. 저에게 있어 이성적인 사람은 이성주의자라기보다는 과학을 믿는 사람을 의미합니다. 오늘날에는 또 '과학적 자료'가 객관적인 것이 되었다는 것을 고려해야 할 겁니다. 마리탱[49]도 아퀴

나스의 이런 생각을 믿었지만, 그가 살던 때보다 문화적으로 더 와해된 세상을 살고 있는 우리로서는 토마스 아퀴나스의 생각에 다가갈 이유가 더 많을 것 같습니다. 동시에 우리는 철학에서 하고 있는 이성의 정의에는 사회적인 특성이 전혀 들어 있지 않다는 것을 알아야 합니다. 다시 아리스토텔레스를 봅시다.

아리스토텔레스 같은 사람들에게 군중의 소동으로부터 보호를 받고 있다는 것은 중요한 의미가 있는 것이 아닐까요? 그들의 귀족적인 환경 덕분에 그들은 항상 보호자들로 둘러싸여 있었습니다. 그들은 직접 자기 손을 쓸 일도 없었지만 비합리적인 군중들의 소동을 의식할 필요도 없었습니다. 그들은 이성을 옹호하였지만 그 이성에 감돌고 있는 위험은 보지 못했습니다. 그래서 그들이 생각하는 이성은 너무 낙관적이었습니다. 추측컨대 이성은 사회적인 측면에서 그 이성을 위협하는 세력과의 관계 속에서 살펴보아야 할 것입니다. 여기서 제가 특히 강조하고 싶은 것인데, 희생양 메커니즘에 따라 행동하고 있는 군중들은 이성의 메커니즘에 접근할 수가 없다는 것이 그것입니다. 이렇게 되면 희생양 메커니즘에게는 다음과 같은 두 가지 가능성이 있을 것입니다. 희생양 메커니즘이 발생하면, 이것은 또한 만장일치의 메커니즘이기에 이를 전하는 증인들의 말은 거짓 증언이 되는 것이 첫번째 가능성이며, 그게 아니면 만장일치가 필요한 이 메커니즘에서 만장일치가 불가능하기에 희생양 메커니즘이 아예 일어

---

49 Jacques Maritain(1882~1973): 프랑스의 철학자로 신(新)토마스주의 철학의 대표자 중 한 사람이다. 처음에는 베르그송과 드리시 등의 '생(生)의 철학'의 영향을 받았으나, 1906년 가톨릭으로 개종하여 토마스 아퀴나스 철학을 이어받은 신토마스주의 형이상학에 귀의한다. 전후(戰後)에는 휴머니즘과 민주주의에 관한 저술을 계속 발표하면서, 가톨릭의 '통합적 휴머니즘'으로써 현대의 위기를 극복할 것을 주장했다. 주요 저서로『베르그송 철학 La philosophie Bergsonienne』(1913),『예술과 스콜라 철학』(1920),『인식의 단계』(1932) 등이 있다(옮긴이).

나지 않는 것이 두번째 가능성일 겁니다. 예수 수난의 이야기는 그리스도에 반대하는 만장일치인 동시에 무너지는 만장일치의 이야기입니다. 그런데 이때의 만장일치는 초월적인, 다시 말해 종교적인 이유로 무너지고 있습니다. 이런 현상에 대해 철학이나 정치학은 설명할 길이 없을 것입니다. 신의 섭리가 자리 잡고 있기 때문입니다. 인간에 대해 희생양을 옹호하는 것이 바로 성령의 강림입니다. 성령은 무엇보다 먼저 희생양을 옹호한다는 것을 알아야 할 겁니다.

바르베리: 고대 사회에서의 제의와 제도와 금기는 폭력이 번지는 것을 막는 경계선 같은 역할을 하고 있었습니다. 선생님이 '외적 중개'라고 부른 것처럼 말입니다. 하지만 조만간 새로운 폭력의 물결과 이로 인한 새로운 '짝패의 위기' 혹은 모방적 경쟁 관계의 '내적 중개'가 나타날 수밖에 없습니다. 오늘날 사회에서 한쪽편의 외적 중개가 다른 편의 내적 중개와 같은 기능을 한다고 생각지는 않으십니까?

지라르: 다소 도식적이긴 하지만 외적 중개는 고대 사회에서 그랬듯이, 경쟁 관계를 비롯한 모든 내적 중개를 피하는 것이라고 말할 수 있겠습니다. 하지만 이런 금기들은 사회를 온전히 지키기 위해서는 어떤 진실을 감추고 있어야 합니다. 근대에 와서 이런 금기가 효력을 다하자 내적 중개가 생겨났습니다. 많은 사람으로부터 저는 외적 중개와 내적 중개의 차이점에 대해 많이 이야기하지 않는다는 핀잔을 듣고 있습니다. 저는 표현만 다를 뿐 궁극적으로는 그 이야기를 죽 해왔습니다. 또 기독교의 영향력이 커질수록 경쟁 관계와 내적 중개가 더 많이 퍼지고 있는 것 같습니다. 사실 주제페 포르나리의 '좋은 내적 중개'라는 개념은 아주 고무적인 생각이긴 하지만, 오늘날 사회에서와 같이 내적

중개에 들어 있는 긍정적인 면과 부정적인 면을 모두 설명하려면 다른 용어를 찾아야 할 것 같습니다. 긍정적인 면은 저의 초기 저서들에는 사실 들어 있지 않습니다. 이런 생각이 나타난 것은 그 뒤의 저서들에서인데 그것도 부분적으로 나타나고 있습니다. 그러나 저의 최근 저서에서는 더 많이 나타나고 있습니다.

바르베리: 이제부터 선생님의 생각과 연구는 어떤 방향으로 전개될 예정입니까?

지라르: 근원적 역사의 시각에서 제 모든 연구 결과를 한데 집대성하고 싶습니다. 제 첫번째 저서인 『낭만적 거짓과 소설적 진실』은 아주 중요한 역사성, 즉 내적 중개의 역사성을 규정하고 있어 그때 이미 이런 방향으로 나아가고 있었다고 볼 수 있습니다. 하지만 역사성을 부정적이고 비관적으로 그려내고 있습니다. 그래서 거기서 한 분석을 더 근본적인 역사성의 방향에서 다시 분석할 필요가 있다고 생각합니다. 그리고 이 인터뷰를 시작할 때 이야기했던, 저로서는 정말 중요하다고 여기고 있는, 유대교와 기독교의 관계에 대해서도 할 수만 있다면 더 깊이 들어가 보고 싶습니다. 유대의 일신교는 희생양의 신격을 벗겨내는데 하나님에 대해서도 마찬가지입니다. 그 반면에 기독교는 하나님을 다시 희생시키고 있습니다. 『나는 사탄이 번개처럼 떨어지는 것을 본다』의 중심에 이상적으로 있는 것이 바로 십자가의 승리이긴 하지만 그와 동시에 수많은 카오스도 있다는 것을 놓쳐서는 안 됩니다. 앞에서 이 이야기도 잠시 나왔지만, 생물학적 차원과 문화적 차원의 관계를 해명하고 싶은 것이 요즘 저의 관심거리입니다. 그러던 중 몇 년 전에 죽은 클로드 트레스몽탕[50]이라는 사

---

50 Claude Tresmontant(1927~1997): 프랑스 히브리 신학자, 철학자. 프랑스 아카데미 회원(옮긴이).

람을 발견했습니다. 그는 몇 년 전에 죽었는데 기독교인인 그의 책에 유전생물학도 들어 있어 아주 흥미롭습니다. 그는 기독교를 영토와 성적 충동과 축적 본능을 지키려는 과거의 프로그램으로부터 진화한 새로운 프로그램 사이의 과도기로 보는데, 이 새 프로그램은 유전자가 아니라 문화에 들어 있다고 보고 있습니다.

그의 주장은 그 전개가 너무 단순하긴 하지만 무척 흥미롭습니다. 고대 종교는 다루지 않고 있는데 그는 이것을 동물적인 프로그램과 한데 묶어서 보고 있는 듯합니다. 한 단계 더 나아가면 좋을 것 같긴 한데, 그렇다고 흥미가 덜하다는 말은 아닙니다.

바르베리: 선생님은 '모든 제도는 제의에서 나온다'는 말의 뜻이, 제도는 제의의 운명, 즉 그것의 사회적 기능이 점진적으로 그러나 냉혹하게 소멸하거나, 심지어는 크게 타락하고 마는 운명을 답습할 것을 타고났다라는 의미라고 주장하신 적이 있으시죠?

지라르: 저는 그게 아니라고 생각합니다. 교육과 통과제의와 장례식과 고대 종교의 수많은 관습들은 기독교 사회에서도 여전히 유효합니다. 희생제의에서 나오긴 했지만 지금은 희생과 꼭 연결되어 있지는 않은 이런 제도들이야말로 인간들이 함께 살아갈 수 있는 유일한 방법을 이루고 있습니다. 제의도 없이 사람들이 더불어 살아가는 것은 생각할 수 없는 것입니다.

'여호와의 증인'들은 예컨대 기독교가 축일을 이교도의 축일에서 본떠왔다고 비난하고 있습니다. 그러나 이런 것을 비난하는 것은 옳지 않은데, 왜냐하면 축일의 의미가 변했기 때문입니다. 인간이 동물에서 진화하고 있는 것은 계속 되풀이되고 있는 현상이라서 지금도 이 과정을 따르고 있을 수 있습니다. 기독교 메시지의 단절이 즉각적으로 일어나지는 않습니다. 우리가 역사의 지속성과 함께 희생과 희생 거부의 중개를 믿어야 하는 것도 이런 이유에서입니다. 클로드 트레스몽탕도 이런 주장을 펼치긴 하지만 희생의 역할에 대해서는 별로 주목하지 않는 것 같습니다. 그도 십자가를 받아들이는데 자신이 기독교인이기 때문에 그러합니다. 하지만 그는 십자가를 이런 현상들과 연관된 것으로는 전혀 보지 않습니다. 단지 십자가의 중요성만 보고 있다고 말할 수 있습니다.

바르베리: 그런 것이 선생님이 '희생적 기독교'라고 부르는 것의 문제를 제기합니까?

지라르: 제가 '희생적 기독교'라는 말을 지금도 인정하는 것은 이 말에는 오늘날 여러 가지 현상들과의 연관성이 들어 있다는 의미에서입니다. 오늘날의 세상은 어떻게 될까요? 이런 사태는 결국 기독교의 새로운 시대로, 다시 말해 예전 교회보다 더 뛰어난 새로운 교회의 시대로 이어질까요, 아니면 지금의 위기가 더 악화될까요? 교회 내부로부터 해체와 붕괴의 조짐은 분명히 있습니다. 그렇다면 미래의 세상은 교회 없는 세상이 될까요? 우리는 잘 모릅니다. 그것은 기록에 따라 다른 것 같습니다. 어떤 곳에서는 "내가 이 반석 위에 내 교회를 세울 터인즉 죽음의 힘도 감히 그것을 누르지 못할 것이다. 베드로는 '반석'이라는 뜻이다"(「마태복음」 16:18)라고 말하고 있고, 다른 기록은 "그렇지만 사람의 아들이 올 때에 과연 이 세상에서 믿음을 찾아볼 수 있겠느냐?"(「누가복음」 18:8)라고 말하고 있습니다.

9. 모방이론은 지금도 작동하는가

바르베리: 모방이론은 세상에서 철저히 거부당하거나 아니면

세상 속으로 아주 잘 파고들 것이라는 선생님의 말씀은, 두번째 경우에는 그 해석 능력을 잃게 될 것이라는 의미인가요? 아니면 과학 이론의 지위를 획득하여 자명한 것이 될 것이라는 의미인가요?

지라르: 자명한 것이 될 것입니다. 왜냐하면 모방이론은 자명한 것이기 때문입니다. 다른 한편으로 제 이론을 대중화하고 세속화하거나 아니면 뭐랄까 일종의 묘안인 것처럼 만들 방법이 없는 것은 아닙니다. 그러므로 모방이론이 널리 유행하지 않았다는 사실은 좋은 것입니다. 말하자면 모방이론은 스스로를 유행으로부터 보호하고 있었습니다. 하지만 결국 모방이론에 어떤 침투력이 있었던 모양입니다. 알다시피, 프랑스에서는 당연한 일을 두고 때로 '모방적 경쟁 관계'라는 말이 사용되고 있습니다.

바르베리: 선생님이 미국에 살았다는 것과 모방이론을 착안하게 된 것에는 어떤 연관성이 있나요?

지라르: 프레드릭 제임슨Fredric Jameson이라는 미국 문학평론가는 린치에 관한 제 이론이 모두 제가 미국 남부 지방에서 1년간 체류한 데서 나왔다고 보고 있긴 합니다.

바르베리: 선생님도 그렇게 생각하시는지요?

지라르: 아닙니다. 그렇게 생각하지 않습니다. 오히려 저는 포크너 같은 작가에게서 여기에 관한 대단한 직관을 보았던 것 같습니다. 저는 포크너 읽기를 별로 좋아하지 않는데, 특히 그의 문체는 정말 읽기 힘듭니다. 하지만 『8월의 빛』과 같은 걸작에는 그리스도, 그러므로 희생양에 대한 상징이 들어 있습니다. 그래서 저는 '모방이론과 포크너에 관한 글'을 쓴 적이 있습니다. 『세상 설립 이래 감추어져온 것들』에서 저는 문학의 진실에 대해 이런 식으로 썼습니다. 린치가 성행하던 때 남부 지방의 신문에서

는 어떤 진실도 볼 수 없지만, 포크너의 소설을 보면 진실을 알 수 있다고 말입니다. 문학사회학을 하고 있다고 그를 비난해서는 안 됩니다. 포크너만 그런 것은 아니지만 그의 분석은 사회과학보다 더 강렬하고 진실에 더 가깝습니다.

바르베리: 어쨌든 선생님의 직관은 미국에 살고 있다는 사실에서 나온 것이 아니군요.

지라르: 네, 그렇습니다. 아마 다른 요인이 있었겠지요. 여러 문화권에 걸쳐서 살고 있다는 것이 문화에 대해 깊이 생각할 수 있는 계기를 준 것이 분명한 것 같습니다. 그런 식으로 사는 것은 분명 양쪽에서 모두 멀어지게 할 겁니다. 가령 저는 미국 사람들이 유럽인, 특히 프랑스 사람들을(말이 많으니까요) 희생양으로 삼는 경향이 있다고 믿고 있습니다. 물론 그 역도 마찬가지입니다.

바르베리: 경쟁의 모델이 갖고 있는 위험을 알고 계시니까 드리는 질문입니다. 모방이론 가설을 따르는 사람들에게 선생님께서 충고를 해주신다면 어떤 것이 있을까요?

지라르: 저는 아주 모방적입니다. 저는 논쟁을 아주 좋아하므로 모방적입니다. 제가 매우 논쟁적이라는 지적이나 제 글에서 저는 일종의 미끼를 필요로 한다는 것을 인정합니다. 종종 저는 복수의 욕망 때문에 글을 쓰고 있습니다. 하지만 복수의 효력이 썩 좋은 것은 아닙니다.

바르베리: 아마 자신에게는 효력이 있겠지요.

지라르: 자기 자신에게의 효력이라…… 옳은 말입니다. 게다가 이 모든 것이 다 모방적입니다. 항상 말입니다.

바르베리: 그래서 선생님의 충고는……

지라르: 삼가라는 것입니다.

바르베리: 충분히 모방적이지 않으면 모방이론도 포기하라는

것입니까?

지라르: 네, 어쨌든 약간이라도 모방적이지 않으면 그렇습니다. 하지만 이런 말을 사람들에게 충고라고 할 수 있을까요? 이 말은 남들에게 하는 충고가 전혀 아닙니다. 그러나 모방이 무엇이냐고 물으신다면 저는 이렇게 대답하고 싶습니다. 모방은 오히려 교만과 분노이고 선망이나 질투라고 말입니다. 음란함도 모방인데, 인간의 섹스는 여전히 아주 중요하기 때문입니다. 음란함은 일시적인 것이 아니라 영원한 것입니다. 인간에게 평온한 시절은 결코 한 번도 없었습니다. 욕망을 유지시키는 것은 경쟁이기 때문입니다. 다른 동물에게서도 이런 일이 일어날 수 있습니다. 가령 원숭이를 봅시다. 원숭이는 아주 고약하고 또 아주 성적입니다. 모방이론에 입각해서 성을 분석해보면 프로이트와는 다른 결론에 도달할 겁니다.

바르베리: 그러면 과학에 대해서는 어떤 충고 말씀을 해주실 수 있습니까?

지라르: 모방적 방법에 대한 글을 써야 합니다. 정확히 말해서 도킨스 같은 저자들이 제 관심을 끌었던 것은 그들이 역사의 방법도 아니고 사회학의 방법도 아닌 독창적인 방법을 따르고 있기 때문입니다. 단순히 동물학적 차원만 있는 것이 아닙니다. 이런 방법은 정말 많은 것을 의미합니다. 더 나아가서 거기에다가 무엇이라 꼬리표를 붙이면서 명명하는 것은 저로서는 불가능한 일입니다.

바르베리: 모방이론을 행하지 않는 것에 대한 부정적인 꼬리표도 안 된다는 것인가요?(모방이론으로 해서는 안 되는 것에 대한 부정적인 꼬리표도 안 된다는 것인가요?)

지라르: 해서는 안 되는 것은 거대 개념으로 생각하는 것입니

다. 거대 개념들에는 휴머니즘이 빠져 있습니다. 사람들 모두 이를 알고 있지만 이를 실천하기는 쉽지 않습니다. 그리고 특히 모방이론에 대해 진심으로는 관심이 없는 사람들이 많이 있습니다. 그들은 도덕의 추락이나 폭력 반대와 같은 이 사회의 지엽말단적인 것에만 관심이 있을 뿐입니다. 그런 관심도 물론 합당한 것입니다. 그러나 저의 관심은 본질적으로는 분명 지적인 관심입니다. 처음에 사람들은 제가 폭력적인 것에 끌리는 취향을 갖고 있다고 생각한 적도 있습니다. 그래서 제가 초기에 셰익스피어에 대한 글을 쓸 때, 셰익스피어의 초기 비극으로 그 시대의 불행했던 취향을 반영하는 듯 잔인한 폭력 신이 많이 나오는 『티투스 안드로니쿠스』의 공연장으로 저를 끌고 가서는 정말 끔찍한 연극이라 여기서 폭력을 제대로 확인할 수 있을 것이라고 말하곤 했습니다. 또 제가 폭력 영화 애호가인 줄 아는 사람들도 있었습니다. 제가 폭력을 멀리한다는 것을 이제는 다들 알고 있는 것 같습니다. 그럴 나이가 되었다는 것인지 모르지만 말입니다. 하지만 사람들이 저에 대해 갖고 있는 이 모든 억측들은 정말 허무맹랑한 것입니다. 제가 폭력에 대해 관심을 가진 것은 19세기 인류학이 실패했던 것을 되살려보려는 마음 때문이었습니다. 다시 말해 종교, 신화, 제의의 기원은 무엇일까, 하는 의문을 풀어보고 싶은 염원 말입니다. 그리고 이 모든 것은 물론 기독교에 닿아 있었습니다.

2000년 10월 11일 파리, 11월 10일 아장[51]

---

51 Agen. 프랑스 보르도 근처 가론 강가에 있는 도시(옮긴이).

옮긴이 해설

리얼리즘과 일원론을 통한
르네 지라르의 이해

1. 르네 지라르의 리얼리즘

몇 년 후가 되면 르네 지라르는 생각이 가장 늦지 않은 사상가가 될 것이 분명하다. 도처에서 일어나고 있는 폭력 현상을 목격하는 우리로서 모방에 의한 폭력과 희생양 이론을 재음미하고 있는 지라르의 『그를 통해 스캔들이 왔다』를 2006년 2월 8일에 다시 읽어보는 것이 정말 절실히 필요한 일인 것 같다.

이 인용문은 2005년 12월 1일자 프랑스의 『르 푸앙 *Le Point*』지의 '잠망경 *Périscope*'에서 『그를 통해 스캔들이 왔다』를 소개하는 데서 나오는 내용이다. 이 인용문처럼 『그를 통해 스캔들이 왔다』는 오늘날 도처에 난무하는 '폭력'을 설명해주는 좋은 길잡이가 되고 있다.

르네 지라르의 사상은 '모방'과 모방에 의한 폭력과 '희생양 메커니즘'에 기초해 있다. 우리의 욕망은 대상에서만 나오는 자연발생적인 욕망이 아니라 타인의 욕망에 대한 모방에서 생겨나는 '모방적 욕망'이라는 것이 르네 지라르의 출발점이다. 최근에 그는 모방적 욕망을 더 자세히 설명하고 있다.

> 개인들은 날 때부터 이웃이 소유하고 있는 것을 욕망하는 성향이 있거나 단순히 욕망하기에, 인간 집단 가운데에는 아주 강한 경쟁적 갈등의 성향이 있다. 이 성향을 제어하지 못하면 모든 공동체의 조화, 그리고 심지어는 공동체의 생존 자체를 항상 위협할 것이다. 〔……〕 이는 우리 모두 익히 알고 있는 아주 진부한 현상이다.[1]

우리의 욕망이 모방적이라는 사실은 아주 기본적이면서도 어쩌면 아주 단순하기까지 한 사실이다. 무심코 지나쳤던 우리의 일상에서 기존의 통념을 뒤엎을 수도 있는 '모방적 욕망'이라는 사실을 찾아내는 르네 지라르의 안목에 탄복함과 동시에 우리는 왜 진작 이를 간파하지 못했을까, 하는 의문을 던지게 된다.

르네 지라르는 우리의 이런 의문을 풀어줄 단서를 시사해주고 있는데, 정말 아이러니컬한 것은, 그가 시사해주는 단서도 실은 우리가 일상에서 익히 알고 있는 아주 기본적인 것이라는 사실이다. 그것은 다름아니라 '있는 것을 있는 대로 파악하는 리얼리즘'의 태도이다.

물론 지라르가 말하는 리얼리즘은 특정 시기의 문예사조가 아니라, '있는 것을 있다고 여기고 또 그렇게 말하는' 단순하고도 소박한 태도일 따름이다. 하지만 이런 태도를 견지하느냐 않느냐의 차이는 그렇게 단순하고 소박한 것만은 아니다.

우리도 대부분은 '있는 것을 있다고 말하고 있다'고 거의 습관적으로 '여기고 있다.' 하지만 가끔은 우리가 겪고 있는 일상의 것에서, 무언지는 모르지만 우리의 기존 상식이나 사회적 통념

---

[1] 르네 지라르, 『나는 사탄이 번개처럼 떨어지는 것을 본다』, 문학과지성사, 2004. p. 21. 인용은 한글판본의 면수로 표기한다.

과는 일치하지 않는 어떤 것이 있는 것 같다는 의혹이 들면서 내면적으로 불편함을 느낄 때가 있다. 하지만 그때마다 우리는 우리의 의혹을 우리 자신의 실수 혹은 과민으로 스스로 인정하고는 사회적 통념이나 상식에 투항함으로써 내면의 불편을 편안함으로 바꾸어나가는 것이 상례일 것이다. 특히 나이 든 사람들일수록 이렇게 하는 것이 더 현명한 처신으로 인정되는 것 또한 관례이다. 이런 관례는 스스로 문제점을 느끼면서도 그것을 의식화하는 데는 이르지 못한 것이며, 이것은 곧 상식이나 통념으로 대변되는 '다수에 대한 모방'이라고 말할 수 있을 것이다.

그런데 우리는 왜 이 순간 자신의 문제의식을 끝까지 밀고 나가지 못하고 기존의 상식과 통념에 투항, 즉 모방을 하는 것일까? 이런 일상적인 행동에서도 우리는 르네 지라르가 이 책의 제1장에서 말하고 있는 도처에 존재하는 '모방의 편재성(遍在性)'을 확인하게 된다. 우리의 일상은 의식하든 못하든 간에 모방에 깊이 녹아들어 있다는 것과 함께 이런 모방에서 벗어나는 것, 혹은 자신의 모방성을 깨닫는 것이 바로 르네 지라르가 말하는 리얼리즘의 태도임을 짐작하게 될 것이다.

르네 지라르가 자신의 학자적 태도를 '리얼리즘'이라고 규정하면서 학문에 필요한 태도로서 리얼리즘을 주장하는 것도 이런 맥락에서 이해할 수 있을 것이다.

언제나 리얼리스트였던 저는 '외부의 세상'과 그것을 경험할 가능성을 항상 믿었습니다. 어떠한 학문도 올바른 리얼리즘에 근거하지 않으면 지속 가능한 결과를 얻지 못합니다. 제가 리얼리스트이다 보니 지식인들이 그 정도로 리얼리스트가 아닌 줄은 짐작도 하지 못했습니다.[2]

지라르는 자신의 리얼리즘은 '무엇보다 소중하고 우선적인 것'이라 생각하면서, 철학적인 관점에서는 자신의 이론에서 '이런 리얼리즘적인 면들이 더 강조되어야 한다'고 주장한다.³ 이런 주장의 근거로는 여러 가지가 있을 수 있겠지만, 르네 지라르가 지금까지『낭만적 거짓과 소설적 진실』『폭력과 성스러움』『세상 설립 이래 감추어져온 것들』『희생양』『나는 사탄이 번개처럼 떨어지는 것을 본다』『문화의 기원』 등을 통해서, 인간 욕망의 모방성과 폭력에 내재된 성스러움 혹은 성스러움에 내재된 폭력의 속성을 파헤치고 이어서 신화에 대한 기존의 해석과는 큰 차이를 보이는 새로운 신화 해석에 이르는 과정을 보더라도 능히 알 수 있을 것이다. 르네 지라르를 오늘날 '가장 독창적인 사상가'로 불리게 만든 이런 성과물의 이면에는 바로 이런 리얼리즘의 태도가 있었다고 볼 수 있다.

신화 이전에 분명 폭력이 실재하고 있음을 느끼고 있으면서도 그 폭력의 피해자인 희생양에 대한 만장일치적인 박해를 신화 이야기 그대로 수용하고 있는 기존의 해석에 대해 우리들도 일말의 의구심을 가지고 있었을 수 있다. 하지만 대부분의 경우 우리의 의구심은 의구심의 단계를 넘지 못했지만 지라르는 달랐다. 분명한 폭력이 있다면 거기에는 나름의 이유가 있을 것이고, 폭력에 대한 어느 누구의 언급은 없어도 끊임없이 파고들어가서 파헤치는 것이야말로 능히 '천착(穿鑿)'이라는 말에 합당한 학자의 태도라 할 수 있다.

그래서 "신화에 대한 나의 시각과 오늘날 인문학의 태도가 차

---

2 르네 지라르,『문화의 기원』, 기파랑, 2006, p. 38.
3 같은 책, pp. 199~200.

이가 나는 것도 바로 이 리얼리즘에 있다"[4]는 지라르의 지적도 이런 맥락에서 나온 것임을 알 수 있다. 이런 리얼리즘의 태도를 통해서 르네 지라르가 밝혀낸 것이 바로 '모방적 욕망'이고 '희생양 메커니즘'이었다.

르네 지라르의 사상이 이로써 다 파악된 것은 결코 아니다. 지라르를 깊이 읽을수록 우리의 의혹은 더 커져만 가는데, 그중에서도 가장 대표적인 의혹은 그가 주장하는 몇 가지 개념들에 대한 가치판단의 문제일 것이다. 가령 『낭만적 거짓과 소설적 진실』에서 인간 욕망의 모방성 때문에 생겨난 경쟁 관계에서부터 시작해서 질투, 선망, 증오와 같은 인간관계의 부정적인 갈등 관계를 읽는 순간 우리는 '모방은 나쁜 것'이라는 막연한 느낌을 받았을 것이며, 『폭력과 성스러움』을 읽으면서는 '희생양 메커니즘은 나쁜 것'이라는 느낌과 생각을 '거의 선험적으로' 가졌을 것이다. 하지만 우리의 이런 느낌과 생각은 혼란을 겪게 된다.

2. 일원론을 위하여

모방은 나쁜 것이라는 선험적인 판단을 하는 순간의 우리는 지라르 식으로 말하면 '낭만적 거짓'에 이미 빠져 있었던 것이라 볼 수 있다. 왜냐하면 우리가 그런 판단을 한다는 것은 곧 타인을 모방한다는 사실을 인정하는 것이 바로 우리 자신의 자율성을 부인하는 것과 같다는 낭만적인 태도에 빠져 있었던 것이라 볼 수 있기 때문이다. 자신의 독창성을 살리기 위해서 지켜야 하는 덕

---

4 같은 책, p. 200.

목이 바로 타인을 모방하지 않는 것이라는 생각은 그야말로 우리의 굳어 있는 상투성이라 볼 수 있다. 하지만 우리 자신과 여러 측면에서 닮은 이웃이라는 모델, 즉 짝패를 모방하면 할수록 우리 자신의 모방을 감추게 되고, 또 모방을 감추면 감출수록 실은 그 이웃을 더 모방하고 있는 것이 우리들이다.

모방을 하면서도 모방을 하지 않는다고 강변하는 것도 문제지만, 모방을 마치 치욕인 것처럼 여기고서 자신의 모방을 인정하지 않으려고 안간힘을 쓰는 것은 더 큰 모순일 것이다. 그러나 우리는 이런 모순을 실은 일상적으로 행하고 있다. 이런 점에서 모방에 대한 극단적인 두 가지 태도를 비교해보는 것이 아주 유용할 것 같다. 하나는 오늘날 흔히 볼 수 있는 정치 지도자들의 태도이며, 다른 하나는 바로 예수 그리스도의 태도이다.

요즈음 지도자들은 하나같이 우리들에게 그들이 행하는 것, 아니면 적어도 그들이 행한다고 주장하는 것과는 정반대로 행하라고 권하고 있다. 이들은 모두 후학들에게 아무도 모방하지 않는 위인의 모습을 자신에게서 본받으라고 가르치고 있다. 그러나 예수는 이들과는 반대로, 자신이 행하는 것을 따라서 행하고, 자신처럼 하나님 아버지를 모방하는 사람이 되라고 우리들에게 가르치고 있다.[5]

그러면서 지라르는 "예수를 모방하는 그때부터 우리는 우리 자신이 오래전부터 모방자였다는 사실을 깨닫게 된다"[6]고 지적한다. 르네 지라르의 이런 지적을 보면서 자기 속살을 내보인 것

---

5 『나는 사탄이 번개처럼 떨어지는 것을 본다』, p. 27.
6 같은 책, p. 28.

같은 느낌이 들지 않을 사람이 과연 몇이나 될까.

절대로 타인을 모방하지 않는 독창적인 존재라고 스스로를 느끼고 있다가도 자신의 욕망이 이웃에 대한 모방에 근거하고 있음을 인정하는 순간, 즉 우리 자신의 비(非)자율성을 인정하는 순간을 두고 지라르는 '개종(改宗)'이라 부르고 있다. 자기 욕망의 모방성을 인정한다는 것은 세상을 바라보는 프리즘 자체를 바꾸는 것과 같고 이것은 곧 종교를 바꾸는 것과 흡사하다. 지금까지 자신은 자율적인 인간으로서 절대 타인을 모방하지 않고 오로지 자신의 기준만으로 판단하고 욕망하였다고 믿었던 데에서 자신도 다른 사람들과 마찬가지로 타인을 모방하고 있었다는 것을 인정하고 나면 우선은, 타인에 대한 이해의 폭이 커지게 될 것이다.

상투적인 통념 속에서는 나는 남과 다른 특별한 존재라고 느끼고 있었지만, 자신도 타인을 모방하고 있다는 것을 자각하는 순간 나와 타인은 근본적으로는 똑같은 존재라는 것을 깨닫게 되기 때문이다. 이런 점에서 르네 지라르의 모방이론은 사람들간의 차이점보다는 유사성을 깨닫게 하여 상호 소통을 열어줄 수 있는 시각을 제공해준다고 말할 수 있을 것이다.

우리들 대부분은 자신의 모방이 부화뇌동이나 근거 없는 투항은 절대 아니라고 생각하고 있다. 물론 그런 면이 있다. 우리 자신의 모방이 그런 것처럼 타인의 모방 또한 단순한 투항이 아니라는 것을 인정하는 순간 이런 주장은 설득력을 얻게 된다.

사실 모방이 없다면 인간의 창조적인 활동 또한 불가능할지도 모른다. 이런 점에서 우리는 모방 자체가 나쁘거나 좋은 것이라는 선험적인 판단은 잘못되었다는 것을 느끼게 된다. 프로이트를 비롯해서 가스통 바슐라르나 질베르 뒤랑 같은 상상력 연구자들을 통해 널리 알려진 사실이지만, 어떤 대상은 그 자체로 좋거나 나쁘거나 한 것이 아니라, 그것을 대하는 우리들의 시선에 따라 좋거나 나쁜 것으로 인식될 뿐이다. 모방이 좋거나 나쁜 것은 아니라는 말이다. 모방의 긍정적인 측면으로 교육이나 지식의 전수 등을 들 수 있을 것이다. 지라르는 그래서 "모방이 없다면 교육도 없고 문화 전수도 없고 평화로운 관계도 없을 것"이라고 모방의 긍정적인 면을 주장하고 있다.

인간 욕망의 모방 때문에 우리를 괴롭히는 폭력이 일어난다고 해서, 모방 욕망이 나쁘다는 결론을 내려서는 안 된다. 만약 우리의 욕망이 모방적이지 않다면, 우리 욕망은 사전에 정해진 대상만 영원히 향하는 일종의 본능과 같아질 것이다. 그렇게 되면 인간은 초원의 풀만 뜯어 먹는 목장의 소처럼 더 이상 다른 욕망을 가질 수가 없게 될 것이다. 모방 욕망이 없다면 자유도 인간성도 없을 것이다. 본질적으로 말하자면, 모방 욕망은 좋은 것이다.[7]

모방의 긍정적인 면은 그뿐만이 아니다. 어떻게 보면 우리 인간이 인간일 수 있도록 해주는 것이 바로 모방 때문이라고 볼 수도 있다는 것이다. 그러나 지라르는 그답게 모방이 온전히 긍정적인 것은 아니라는 지적을 빠뜨리지 않는다.

모방 욕망은 우리가 동물적인 상태에서 벗어날 수 있게 해준다. 이것은 우리 안에 있는 최선과 최악의 것에 대한 원인이다. 인간을 동물보다 상위의 존재로 만드는 동시에 동물 이하의 존재로 만드는 것이 바로 모방 욕망이라는 말이다. 인간의 끝없는 불

---

7 같은 책, p. 29.

화는 인간의 자유에 대한 대가라 할 수 있다.[8]

　동물보다 '상위의 존재인 동시에 하위의 존재'로 만드는 것이 모방적 욕망이라는 이런 지적을 어떻게 받아들여야 할까? 우리는 지라르에게서, 모방이 좋은 것이거나 혹은 나쁜 것이라는 일도양단과 같은 선언적인 판단(그러나 상술되겠지만, 이런 판단이 얼마나 부질없는 것임을 알게 될 것이다)을 습관적으로 기대해보지만 이런 기대는 항상 배반당하고 만다. 가령 "저는 아주 모방적입니다. 저는 논쟁을 아주 좋아하므로 모방적입니다. 제가 매우 논쟁적이라는 지적이나 제 글에서 저는 일종의 미끼를 필요로 한다는 것을 인정합니다. 종종 저는 복수의 욕망 때문에 글을 쓰고 있습니다"(제4장, 「마리아 스텔라 바르베리와의 대담」)라는 지라르의 고백은 우리가 품고 있었을지도 모를 모방에 대한 막연한 가치판단에 혼란을 일으키고 있다.

　이 책의 제1장 「폭력과 상호성」은, 말다툼이나 악수와 같은 너무나도 흔한 우리 일상에는 '모방'과 모방에서 나오는 '상호성'이 녹아들어 있음을 보여주고 있다. 그래서 지라르는 모방이 우리 인간이 행하는 '최선과 최악의 것의 원인'이라고 지적하고 있다. 우리는 어쩌면 인간사의 모든 것의 원인이 모방과 상호성이라고 말할 수도 있을 것이다. 사정이 이러하기에 모방을 막연히 나쁜 것으로 여겼던 우리의 막연한 가치판단이나 추측이 혼란을 겪는 것은 당연한 일인지도 모른다.

　르네 지라르는 항상 어떤 사물이나 개념을 그것 자체만으로는 가치판단을 내리지 않는다. 아니 그런 것에 대해 가치판단을 내

---

[8] 같은 책, p. 30.

릴 수 있는 성질의 것이 아니라고 보고 있는 듯하다. 욕망의 모방성에 대한 판단에서도 그러하지만 지라르의 이런 태도가 잘 드러나는 순간은 아마 폭력을 이야기할 때일 것이다.

『폭력과 성스러움』에서 지라르가 주장하는 '희생양 메커니즘'은 희생양인 소수의 개인을 부당하게 박해하는 것이기에 항상 나쁘다고 보고 있는 것이 우리들의 거의 상식에 가까운 판단일 것이다. 그래서 우리는 거의 본능적으로 희생양을 배려하고 걱정하고 또 불쌍한 사람에게 연민의 정을 갖는 것을 아주 긍정적인 것이라고 '거의 선험적으로' 느끼고 있다. 하지만 너무나 자연스러워 보이는 우리의 이런 반응에 대해서 우리는 달리 생각해볼 여지는 없을까? 희생양에 대한 이런 걱정은 과연 따져볼 필요도 없이 아무런 비판의 여지도 없는 것일까?

첫번째로 우리는 이런 연민에 들어 있는 책임 회피 의식을 들 수 있을 것이다. 그것은, 우리는 흔히 연민을 표현함으로써 우리 자신의 책임은 다했으며 나아가서는 희생양에 가해진 직접적인 폭력과 우리와는 아무런 관련도 없다는 것을 과시하는 것은 아닐까, 하는 의혹을 충분히 제기할 수 있다는 말이다. 더 거칠게 표현하면, 이런 연민의 표현은 자신의 책임을 면하려는 욕망을 애써 감추고 있는 우리의 무의식적인 경향이라고 볼 수도 있다는 말이다. 가령 특히 서구의 저널리즘이 자주 게재하고 있는 부당한 피해를 입은 제3세계 희생자들의 사진에서 우리가 느끼는 연민에 대한 수전 손택의 다음과 같은 비판도 이런 생각에서 나온 말일 것이다.

어떤 이미지들을 통해서 타인이 겪고 있는 고통에 상상적으로 접근할 수 있다는 것은, 멀리 떨어진 곳에서 고통을 받고 있는 사람들(텔레비전 화면에서 클로즈업되어 보여지는 사람들)과 그 사람들을 볼 수 있다는 특권을 부당하게 향유하는 사람들 사이에 일련의 연결고리가 있다는 사실을 암시해준다. 〔……〕 고통받고 있는 (사진 속의) 사람들에게 연민을 느낄 때 우리 스스로는 그런 고통의 원인에 연루되어 있지 않다고 느끼는 것이다. 우리의 연민은 우리의 무능력뿐만 아니라 우리의 무고함도 증명해주는 셈이다. 따라서 연민은 어느 정도 뻔뻔한 반응일지도 모른다.[9]

희생자들의 사진을 대하고 표현하는 우리의 연민은 손택의 지적처럼, 정말 '뻔뻔한 반응'인지도 모른다. 고통으로 가득 찬 충격적인 사진, 그것도 이곳의 우리가 아닌 저 먼 곳에서 자행된 그들의 불행을 보여주는 사진을 대할 때 우리가 표현하기 마련인 연민은 어쩌면 우리 자신의 도덕적 의무 면제와 책임 회피, 아니 처음부터 우리의 책임이 아니었음을 선언하는 것이었음을 누구도 부인하기 힘들 것이다.

이런 맥락에서 우리 자신의 행동을 되돌아보는 시각은 특히 타인과의 진정한 소통을 위해서도 필요할 것이다. 스스로의 감추어진 욕망을 깨닫는 순간, 즉 개종의 순간이 얼마나 많은 감동을 줄 수 있는지를 다음 시에서 확인할 수 있을 것이다.

전에 고등학교 때 한참 정치에 꿈이 부풀어 있을 때, 국회의원 딸에게 편지를 보냈다. 답장은 오지 않았다. 대학 갓 들어가 예술이니 사상이니 미쳐 있을 때, 유명 화가의 전시회에서 심오한 질문을 해댔다. 화가는 한참 쳐다보더니 쌩까버렸다. 다시는 글

---

[9] 수전 손택, 이재원 옮김, 『타인의 고통』, 이후, 2004. p. 154.

안 쓴다고 군대에 가서는, 한참 뜨고 있던 여류시인에게 오밤중에 전화를 했다. 그녀가 정중히 전화를 끊었을 때, 그때도 참 부끄러웠다. 그러나 두고두고 창피한 것은 회사 들어가 처음 만난 여자 앞에서 노동자들이 불쌍하다고 울음을 터뜨린 것이다. 관심을 끌기 위해서였다.[10]

자신의 숨은 욕망을 제대로 들여다보는 순간이야말로, 타성에서 깨달음으로 벗어나는 개종의 순간일 것이다. 위의 시에서 볼 수 있는 것처럼 이런 깨달음에서 나온 고백이 타인에게 온전히 전달될 수 있는 전파력을 지니고 있다는 점에서 바로 이런 개종의 경험이야말로 우리 인간의 보편적인 차원에 닿아 있다고 말할 수 있을 것이다. 이런 데에까지 생각이 미칠 때 예술을 비롯한 인간사의 진정한 감동은 지라르가 말하는 개종의 순간에 가능한 것은 아닐까 하는 짐작도 할 수 있을 것이다.

약자나 피해자, 혹은 희생양에 대해 느끼는 우리의 연민에 대해 두번째로 가할 수 있는 문제 제기는 르네 지라르의 연장선에서 나오고 있는 것이다. 희생양은 무고한 존재라고 해서 그 희생양에 대한 폭력 행사는 무조건 나쁘다는 결론을 곧장 도출하는 우리의 관행에 대해 르네 지라르는 다른 시각을 요구하고 있다.

희생양에 대한 배려(혹은 걱정)는 오늘날 어떠한 이의 제기도 허용치 않는 공리나 상식과 같은 지위를 획득하고 있다. 하지만 이런 상식도 그저 생겨난 것이 아니다. '희생양에 대한 배려' 현상에는 희생양을 부각시킨 그리스도의 수난과 『성경』이 기여한 바가 적지 않다는 것이 지라르의 생각이다. 하지만 그렇다고 해

---

10 이성복, 「관심을 끌기 위해서였다」, 『달의 이마에는 물결무늬 자국』, 열림원, 2003.

서 우리마저 희생양에 대한 배려가 순전히 그리스도의 수난에서만 나온 것이라고 볼 필요는 없을 것 같다. 르네 지라르 자신이야 기독교가 대세인 서구인이기에 자신이 기댈 수 있는 근거가 기독교의 문헌이라서 그쪽으로 기울었겠지만, 우리의 입장에서 보자면 그렇다고 세계인 모두가 이를 기독교의 공으로만 한정할 필요는 없기 때문이다. 이 책 제2장 「선량한 원시인과 타인」에서 말하고 있듯이 '자민족 중심주의'는 모방과 같이 어떤 사람도 거기서 자유로울 수 없는 인간 조건과 같은 것이 아닐까? 이런 면에서 서구인을 두고 기독교 옹호 혹은 서구 중심 사상을 가졌다고 비판하는 것은 마치 동양인이 동양 중심 사상을 가졌다고 비판하는 것과 마찬가지로 모방적인 것이다. 아니 더 정확히 말하면 그것은 모방의 또 다른 결과라 할 수 있다. 고급 문화를 비방하는 자의 내면에는 자신이 비방하는 그 고급 문화가 이미 들어앉아 있을 것이기 때문이다.[11]

이런 논란보다는 오히려 우리에게 전해져 오는 모든 기록에 들어 있는 단순하지만 자주 간과되기 쉬운 기본적인 속성에 대해 재확인할 필요가 있다. 기록의 어디까지가 진실인가 하는 것은 항상 중요한 문제이기 때문이다. 신화나 민담이나 역사 기록물들은 모두 실제로 존재했던 어떤 실재 사건을 이야기하고 있는데, 그중에서도 가장 본질적인 사건을 지라르는 폭력적 사건으로 보고 있다.

폭력적 사건을 다룬 기록의 경우 흔히 간과하기 쉬운 것 중의 하나가 그런 기록은 그 사건 이후까지 살아남은 사람의 시각에 의해, 더 정확히 말하면 '그 살아남은 사람들에 의해서 씌어진

---

11 "고급 문화를 줄곧 놀림감으로 만들고 있는 것은 별로 마음에 들지 않습니다. 그것은 결국 모방에 의한 속물근성이기 때문입니다." 『문화의 기원』, p. 272 참조.

기록'이라는 사실이다. 언제나 살아남은 그들에게 유리한 입김이 작용되어 있는 것이 기록이다. 희생양의 시각보다는 희생양에게 폭력을 집행한 박해자의 입장에서 씌어진 것이 모든 기록의 속성이라는 것이다. 역사적인 기록도 마찬가지이다. 가령 '위화도 회군'의 기록은 위화도 회군이라는 폭력(적 행동)에 저항한 고려군의 시각보다는 위화도 회군에 성공한, 즉 조선군의 시각에서 씌어진 기록이다.

이때 우리는 다음과 같은 가정을 해볼 수 있을 것이다. 만약 과거의 폭력적 사건에 대한 정확한 재현도 가능하고 또 그 폭력의 가해자와 피해자 양쪽의 진술이 동시에 가능하다면 오늘날의 우리는 그 사건을 과연 어떻게 평가해야 할까, 하는 가정 말이다. 물론 역사는 가정을 허용치 않는다는 말이 있지만, 가령 위화도 회군이 옳았는가 하는 문제는 우리로서는 정말 지난한 문제가 아닐 수 없다. 왜냐하면 이런 문제는 단순히 옳고 그른 차원이 아니라, 그 대상에 대하여 일단 확고부동한 가치판단을 내리고 나면 그 판단 기준이 그대로 지금 현재를 규정하는 문제를 낳고 있기 때문이다.[12]

어떤 판단의 전제가 되는 기준을 그야말로 철저히 일관되게 적용하다 보면 자기 판단의 근거가 되는 전제마저 부정하게 되는 지경에 이른다. 가령 여기서 모든 폭력은 나쁘다고, 그리하여 '어떠한 폭력도 행사해서는 안 된다'는 명제를 정언명령으로 철저하게 근본적으로 적용해 나간다면, 궁극적으로 말하자면 우리는 한 순간도 제대로 살아갈 수가 없을지도 모른다. 다른 유기체를 먹는 일종의 폭력을 행사하지 않고서는 한 순간도 생명을 부

---

[12] 모든 근본적 시각의 해석에 들어 있는 이와 같은 문제를 우리는 '모순 내재적 차원'의 문제라고 부를 수 있을 것이다.

지할 수 없는 것이 모든 유기체의 신진대사가 아니던가. 그래서 르네 지라르는 '폭력을 막는 것은 또 다른 폭력일 수밖에 없다'는 사실에 당도한다. 이처럼 나쁜 폭력을 덜 나쁜 폭력으로 막는 것을 '희생양 메커니즘'이라 부른다.

　이렇게 보면 모방과 마찬가지로 희생양 메커니즘도 그것 자체로 온전히 나쁘거나 온전히 좋은 것이라고 보는 판단도 섣부른 것임을 알게 된다. 비근한 예를 들어보자. 예방주사는 미량의 병원균을 주입시켜 경미하게 병을 앓게 함으로써 뒤에 오는 큰 병을 이겨내게 하는 데에 그 의의가 있다. 그런데 이런 메커니즘의 발견은 인류가 익히 행하던 관습적인 행동에 들어 있는 메커니즘을 모방한 것에 불과하다고 볼 수 있다. 작은 불을 놓음으로써 큰불의 접근을 막는 산불 예방책이나 열로써 더 큰 열을 치유하는 이열치열(以熱治熱)이나 오랑캐로써 오랑캐를 물리치는 이이제이(以夷制夷)와 같은 것이 그런 비근한 예이다. 그런데 짐작하다시피 이런 것도 분명 희생양 메커니즘의 하나이다. 이런 예는 무수히 많이 들 수 있는데, 정원을 초과한 난파선에서 모두가 살아남기 위해 그 배에서 뛰어내릴 사람을 결정하는 '제비뽑기' 또한 희생양 메커니즘의 하나이다. 인류가 획기적으로 찾아낸 정말 대단한 희생양 메커니즘은 아마도 재판 제도라는 희생양 메커니즘일 것이다.

　재판은 폭력을 폭력으로 다스린다는 데에 그 본질적인 의미가 있다. 자연발생적인 폭력은 당연히 응징의 복수를 낳고, 그 복수는 또 다른 복수를 낳으면서 문자 그대로 확대 재생산된다. 이런 자연 상태의 폭력을 두고 지라르는 '본질적 폭력'이라 부른다.

　그런데 알다시피 폭력은 폭력으로써만 막을 수 있다. 아무리 좋은 이름을 붙여도 본질적으로는 그것 또한 하나의 폭력인 것을 부인할 수 없다. 이런 지라르의 생각 또한 '있는 것을 있다'고 말하는 리얼리즘이 구현된 것이라 할 수 있다. 그런데 희생양 메커니즘의 폭력이라는 진상이 노골적으로 드러나면 구성원들은 이 메커니즘에 대한 신뢰가 줄어들게 된다. 그래서 희생양 메커니즘이 효력을 발휘할 수 있기 위해서는 이 메커니즘도 폭력이라는 그 본질이 잘 드러나지 않아야 하며, 그러기 위해서는 본질적 폭력과는 다른 양태를 띠어야 하는데, 그것이 바로 성스러움이라는 차별화이다. 가령 제비뽑기와 가위바위보는 '우연'이라는 성스러움이 들어 있고, 교사의 체벌에는 선생님의 '지위'라는 성스러운 차이가 있고, 재판의 폭력에는 재판관이라는 특별한 지위의 '성스러움'이 들어 있는 것이다.

이런 점에서, 세상이 질서를 유지하면서 지탱될 수 있는 것은 성스러움이 만들어낸 '차이'에 있다는 것을 알 수 있다. 가령 '어른이 먼저 수저를 든 뒤에 아이들이 수저를 들어야 한다'는 한국 고유의 예절도 마찬가지인데, '질서'를 뜻하는 영어의 'order'라는 단어가 동시에 '순서'를 뜻한다는 것은 이런 사정을 잘 말해주고 있다. 이처럼 질서나 평화는 동일성보다는 차이에서 나오고 있는데, 만약 모든 차이가 없어진다면 그것이 바로 인류의 위기이다.

간단히 말하면, 적대 관계가 격화될수록 그 적대자들은 역설적이게도 점점 더 서로를 닮아간다. 그들의 대립이 예전에 그늘을 갈라놓았던 실질적인 차이를 없앨수록 더 집요하게 대립한다. 선망, 질투, 증오는 이런 감정들이 대립시키는 사람들을 획일화시킨다. 그러나 오늘날 사람들은 이들 감정이 계속해서 만들고 있는 유사성과 동일성에 따라 이런 감정을 생각하려 하지 않는다.

요즘은 차이에 대한 거짓된 찬양에만 귀를 기울이는데 이런 찬양은 그 어느 때보다 현대 사회에서 가장 유행하고 있다. 이토록 차이에 대한 찬양이 많아진 이유는 실제로 차이가 많아져서가 아니라 차이가 사라졌기 때문이다.[13]

그런데도 우리는 '만인은 평등하다'라거나 '우리 모두 똑같이 하나가 되기 위하여' 등등의 구호를 무심결에, 그러니까 상투적으로 외치고 있다. 그런데 이런 태도는 지라르 식으로 말하면, 지금까지 인류 사회를 위기의 해일로부터 지켜온 중요한 방책(차이에 기반을 둔 희생양 메커니즘)을 호탕하게 허물고 있는 최초의 인류가 바로 현대인이라는 르네 지라르의 탄식을 자아내게 하는 태도라 할 수 있다.

그런데 여기서 우리는 또 다른 난점을 만나게 된다. 지라르는 현대인들이 스스로 둑을 허묾으로써 위기를 몰고 온다고 보았지만, 우리는 다음과 같은 의문을 갖게 된다. 그렇다면 차이를 없애고 같아지는 노력, 즉 민주화가 인류의 발전이 아니란 것인가? 그런 변화는 인류 사회를 발전시켜온 동력이었다는 사실을 우리는 결코 부인하기 힘들기 때문이다. 만약 지라르의 말을 그대로 따른다면 과거와 같은 계급 사회와 신분 사회를 유지하라는 말인가, 그러기 위해서 과거로 회귀하는 것이 지라르의 진정한 뜻이란 말인가? 이런 질문들은 어쩌면 너무나 당연한 질문같이 보인다. 우리의 인식은 언제나 명/암, 진/위, 상/하와 같이 항상 이항대립적인 인식, 다른 표현으로 하자면 이분법적인 사고를 즐겨 하고 있기 때문이다. 좋지 않으면 곧장 나쁜 것이라고 여기는

---

13 『나는 사탄이 번개처럼 떨어지는 것을 본다』, p. 26.

생각이 그것이다.

하지만 르네 지라르의 생각은 다르다. 병이 곧 약이라는 생각에서 나온 예방주사에서의 주사약은 아주 '미량'의 병원균이었다. 다시 말해 문제는 그 '정도'에 있는 것이지 그것 자체에 있는 것이 아니라는 것이다. 그래서 지라르도 기회 있을 때마다 그리스어의 '휴브리스hubris'라는 말을 자주 언급하는데, 이 말의 원뜻은 '지나친 것'을 의미한다. 서양 카드놀이의 하나인 블랙잭이라는 게임에 녹아들어 있는 생각은 고대의 휴브리스를 조심하는 생각에서 나왔다는 것을 알 수 있다. 이런 지혜는 '지나친 것은 모자란 것보다 못하다'는 '과유불급(過猶不及)'의 동양 경구에도 녹아 있다는 것을 알 수 있다. 아니 동양 사상의 핵심이라고 볼 수 있을 음양사상도 마찬가지이다. 어떤 개체가 그것 자체로 양이거나 음인 것이 아니라 항상 다른 것과의 관계 속에서 양이 되기도 하고 음이 되기도 하는 음양사상, 그리고 양이 극에 달하면 음이 되고 음이 극에 달하면 양이 된다고 여겼던 태극사상 같은 데에 그러한 지혜가 하나의 공리처럼 되어 있는 것은 널리 알려져 있는 사실이다.

이렇듯 동서양을 막론하고 지나친 것을 꺼리는 태도가 있다는 사실에서 우리는 적어도 인류의 선조들이 이분법적인 판단이 아닌 관계 속에서 판단을 내리는 가변적인 생각을 했다는 것을 짐작할 수 있다.

그러므로 르네 지라르를 제대로 이해하기 위해서는 우선 먼저 '모방은 나쁘고, 희생양 메커니즘도 나쁘다'는 그야말로 선험적이고 이분법적인 생각으로부터 벗어나는 것이 선결 과제일 것이다. 올바른 지향점은 모든 것은 양분되어 있다는 이원론적인 사유 체계가 아니라, 모든 개체는 근본에 있어서는 하나이고 단지 겉으로만 또는 일시적으로만 여럿으로 분화되어 있다고 보는 다원론(같은 말이지만 일원론)의 태도를 견지할 때에만 진정으로 유효한 대안과 해법과 설명의 원리를 찾을 수 있을 것이다.

찾아보기(인명)

ㄱ

가스통 바슐라르Gaston Bachelard 195
괴벨스Paul Joseph Goebbels 123

ㄴ

니체Friedrich Nietzsche 21, 65~66, 69, 87~88, 91, 111, 120, 171~73, 178

ㄷ

다윈Charles Robert Darwin 64, 129
도스토예프스키Fyodor Mikhailovich Dostoevskii 92, 155, 177~78
뒤피Raoul Dufy 149
드레퓌스Alfred Dreyfus 170~01

ㄹ

라캉Jacques Lacan 19, 89, 92
라트징거 123
레비-스트로스Claude Levi-Strauss 10, 11, 32~33, 51, 57, 150~55, 157~62
레이먼드 브라운 104
레이문트 슈바거Raymund Schwager 9, 61~63, 70, 79, 96, 139
루소Jean-Jacques Rousseau 51

르낭Joseph-Ernest Renan   108
리처드 도킨스Richard Dawkins   131~32, 187

ㅁ

마리아 스텔라 바르베리Maria Stella Barberi   7, 10, 11, 12, 83~188
막스 베버Max Weber   115
말리노프스키B. Malinowski   39
맬더스T. R. Malthus   132~33
메트로Alfred Metraux   51
모스Mauss   31, 37
몽테뉴Michel de Montaigne   8, 48~51, 54, 176~77
미슈킨   93, 177~78

ㅂ

바울Paul   42~43, 60~61, 89, 96~97, 111, 119, 140~41
발터 오토Walter F. Otto   147
베드로Petrus   69, 92, 96~97, 99, 101, 119, 184
베르나르댕 드 생-피에르   133
비오 12세   122

ㅅ

세르반테스Miguel de Cervantes   176
셰익스피어William Shakespeare   15, 169, 176, 188
소포클레스Sophocles   138, 155~56
수전 손택Susan Sontag   198~99
슈미트Johannes Schmidt   155
스타브로긴   177, 179
스탈린Iosif Vissarionovich Stalin   123
스테판 트로모비치   93
시몬 베유Simone Weil   142
실벵 레비Sylvain Levi   134

ㅇ

아낙시만드로스Anaximandros　34, 147, 157
아도니스Adonis　63
아리스토텔레스Aristoteles　19, 20, 179
아이스킬로스Aeschylos　155~56
아이히만Karl Adolf Eichmann　123
알프레 메트로Alfred Metraux　51
앙리 그리부아Henri Grivois　28
앙리 드 만　156
에우리피데스Euripides　155~56
에테오클레스Eteocles　154
예수Jesus Christ　41~43, 60~63
오시리스Osiris　63
오이디푸스Oidipous　65~66, 138, 166
요한Saint John the Baptist　68, 78, 94~95, 98, 103~104, 106
이노센트 3세　115
이성복　200

ㅈ

장-피에르 뒤피Jean-Pierre Dupuy　125
장-피에르 베르낭Jean-Pierre Vernant　147
조셉 보샤르Joseph Bosshard　12
주제페 포르나리Guiseppe Fornari　12, 140, 181
질베르 뒤랑Gilbert Durand　195

ㅋ

카를 슈미트Carl Schmitt　10, 145~47
칼 포퍼Karl Raimund Popper　165
콘라드 로렌츠Konrad Lorenz　135~36
클로드 트레스몽탕　182, 184

ㅌ

토마스 아퀴나스Thomas Aquinas 179~80
투키디데스Thukydides 46

ㅍ

파스칼Blaise Pascal 142, 176
펠라기우스Pelagius 144
포크너William Cuthbert Faulkner 185~86
폴 드 만 156
폴리네이케스Polyneicēs 154
프레드릭 제임슨Fredric Jameson 185
프레이저James George Frazer 45, 55~59, 167
프로이트Sigmund Freud 11, 17, 159~62, 187, 195
플라우투스Titus Maccius Plautus 154
플라톤Platon 19~20, 173~75

ㅎ

하이데거Martin Heidegger 21~22, 126~27, 156, 172~73
한스 우르스 폰 발타사르Hans Urs von Balthasar 107
헤라클레이토스Herakleitos 21~22, 126
헤로도토스Herodotos 46, 166
호메로스Homeros 174
홉스Tomas Hobbes 154

찾아보기(용어 및 서명)

ㄱ

가톨릭   114, 117~19, 124, 141
『걸리버 여행기』   51
『공관복음』   68, 97, 100
『구약성서』   60, 70, 83, 88, 108
구조주의   10, 12, 151, 154
『구조주의 인류학』   151

ㄴ

『나는 사탄이 번개처럼 떨어지는 것을 본다』   83~84, 88, 93, 139, 143, 182, 192
『낭만적 거짓과 소설적 진실』   83, 150, 182, 192~93
내적 중개   169, 181~82
『뉴욕 타임스』   117

ㄷ

다문화주의   45, 52~53, 122
다문화주의자   50, 58~59, 120
다원주의   131
『돈키호테』   155
디오니소스Dionysos   63, 171~72
『디오니소스론』   147

ㄹ

레비아단Léviathan 141~42
레페랑referent 130
로마가톨릭 101
르네상스 48, 51, 53, 176
『르몽드』 117
리얼리즘 151, 179, 189~93, 204

ㅁ

마르크스주의 127
「마태복음」 41~42, 88, 92, 100, 102, 108, 178, 184
『마하바라타』 116
만장일치 60, 66, 68, 71, 73, 95~97, 100, 104~06, 142, 180~81, 192
『메나에크무스 형제』 154
『메시아의 죽음』 104
무차별화 19, 33, 145, 149, 154, 157~58, 169~70
『문화의 기원』 192
『미국의 민주주의』 148

ㅂ

『바쿠스의 여사제들』 155
『백치』 93, 177~78
『베다』 134
『브라만의 희생 교리』 134

ㅅ

『사물의 지옥』 149
사실의 거부 179
「산상수훈」 41, 43
상호성 27~32, 34~35, 197
『서태평양의 원양 항해자』 39
선량한 원시인 51, 54

세계화　16, 43, 127
『세상 설립 이래 감추어져온 것들』　9, 63, 72, 79, 92~93, 111~12, 133, 136, 185, 192
소련　127
소크라테스 이전 철학　34, 146~47, 175
『수상록』　49
『순박한 사람』　51
숨은 신　142
스캔들론　85, 92
스킬라　38
「식인종」　8, 48, 51, 54
신나치주의　121
『신약성서』　62, 109
신은 은퇴했다　142
『신의 극작술』　107
신의 은퇴　172
신의 죽음　172
실존주의　151

ㅇ

아우슈비츠　119~21
아페이론apeiron　157
『악령』　93, 177
알비주아albigeois　115
『야만적 사고』　151
여호와의 증인　183
열장장부이음　135
예레미아의 한탄　109
『오이디푸스 대왕』　138
외적 중개　169, 181
「요한복음」　72, 94, 97~100, 102
「욥기」　86, 88, 142
유고슬라비아 사태　125
음란　187

『이기적 유전자』 131
『인구론』 132
『일리아스』 116

ㅈ

자민족 중심주의 8, 9, 201
『작가 수첩』 177
장세니즘 143
『적그리스도』 87, 178
『존재와 시간』 21
『지하생활자』 155

ㅋ

카리브디스 38
카테콘Katechon 144~46, 149
『캉디드』 51

ㅌ

『타투스 안드로니쿠스』 188
테러 7, 15, 16, 128
테러리즘 15, 16
『테베 공략 7장군』 154
토크빌 147~48
『토템과 터부』 11, 159~60, 162
투피남바 족 49, 51

ㅍ

파르마코스pharmakos 57, 174
『페르시아인의 편지』 51
『폭력과 성스러움』 46, 60, 84, 131, 150, 192~93, 198
폴레모스polemos 21, 126

필리오크 filioque   101

ㅎ

해체론   12
해체주의   154, 156, 163, 167, 170
해체주의자   169~74
『황금가지』   45, 167
휴브리스 hubris   206
희생양 메커니즘   62, 72, 86, 89, 95~96, 99, 132, 136, 142, 173, 180, 189, 193, 198, 203~06
『희생양』   192